大学1年生のための

レポート・論文作成法

－書く意義に気づく15回のライティング講義－

第3版

監修
名桜大学ライティングセンター

編集
大峰 光博
奥本 正

ふくろう出版

まえがき

　本書の初版を発行した 2020（令和 2）年は，新型コロナウイルスの影響を受け，大学の講義は劇的な変化を求められました．学生と教員は大学まで足を運び，同じ空間内で講義をつくるという常識はなくなりました．学生と教員はリモート授業の対応が求められる中，コロナ以前より学生に課されるレポート量は増加し，学生の書く機会は増大しました．大学の授業に限らず，企業においてもリモートワークが増加し，社員同士による対面でのコミュニケーションの減少から，書くことによってコミュニケーションをとる機会が増大しました．書く能力が，社会においてより求められる時代になりました．

　一方で，ChatGPT に代表される対話型 AI の急速な進化によって，人間が書く機会は減っていくことも予想されます．それでは，学生がライティングスキルを磨く意義はなくなっていくのでしょうか？私の回答は否です．対話型 AI に頼らないライティングスキルは，今後の皆さんの人生において必ず求められます．その理由については，本書で述べていきます．

　コロナ以前から各大学では，入学したばかりの学生に対して，「アカデミックライティング」といった名称で，レポート・論文を作成する上での基礎を教える講義が増加しています．私が 2000（平成 12）年に大学に入学した際には，そのような講義はなかったと記憶しています．

　レポート・論文作成に関する良書は，世の中に数多く存在します．しかしながら，大学 1 年生に対する 15 回の授業を前提にした書籍は少ないと言えます．本書は，大学 1 年生を主たる対象とし，3 年生や 4 年生にも手に取っていただきたい構成としました．卒業論文を書く意義や，レポート・論文を作成する上で守るべきルールやマナーについても示しています．

　2021（令和 3）年に発行した第 2 版では，書く力を伸ばす上で有効となる，読書の意義について補講として加筆しましたが，第 3 版ではさらに，「書くことがつらい人のために」を追加しました．書くことが苦痛であり，「レポート・論文作成の苦しみから一刻も早く解放されたい！」と願う人達の苦しみを少しでも緩和出来ればと思い，加筆しました．また，各講義で参考にしていた資料について，最新のデータを用いて加筆修正を行いました．

　本書の執筆者は，「アカデミックライティング」の講義担当者や，学生の文章作成を支援する「ライティングセンター」に関わった教員から成っています．大学 1 年生に対して，どのような内容を教えるべきか試行錯誤していく中で，本書が誕生しました．

　一方で，大学 1 年生の当時，「いかに手を抜いてレポートを作成し，単位を取

得出来るか」ばかりを考えていた私が，レポート・論文作成法について解説するなどおこがましい限りです．ただ，レポートや論文の劣等生であった私だからこそ，他の書籍にはない味を出せたとも感じています．本書を通して，読者諸氏が書く意義に気づき，書く能力を向上させる喜びを味わってもらいたいと執筆者一同，願っています．

令和 6 年 1 月

大峰　光博

目　次

第1講義

📖ライティングスキルを磨く意義📖

　日々，学生に論文やレポートの指導をしていると，「なぜ論文やレポートを書かなければいけないのか？」という学生の心の声がきこえてきます．また，「論文やレポートではなく，教員採用試験の対策や就職活動に時間をかけたい」と主張する学生もいます．学生達は，論文やレポートを書くことが無意味だとは考えていない一方で，教員採用試験に合格するための勉強や就職活動への対策と比較すると，意義深い活動とは思えないようです．このような考えに至ることは十分に理解出来ます．なぜなら，私も学生時代には，論文やレポートに意義を見出していなかったためです．ライター，ジャーナリスト，翻訳家，小説家，脚本家，学者といった職業を目指さないのであれば，ライティングスキル（文章力）に特段の磨きをかける必要はないと考えていました．

　しかしながら，現在においては，ライターやジャーナリストといった書くことを生業とする職業を目指さない学生も，ライティングスキルに磨きをかけるべきであると確信しています．このような考えに至ったのは，私が大学教員という，学生のライティングスキルを高めることを責務とする職業にあるからではありません．学生の皆さんが大学を卒業し，社会で活躍する際には，ライティングスキルが必ず求められるためです．もちろん，ライティングスキルさえ磨けば，社会で活躍出来るわけではありません．ライティングスキルを身につけることは，皆さんが社会で活躍するための必要条件ですが，十分条件ではありません．世の中に存在する仕事には，求められるスキルがそれぞれ異なります．ライティングスキルよりも優先されるべきスキルは，個々の仕事には存在します．しかしながら，**どのような職につこうとも，ライティングスキルを求められる社会**に私達は生きています．文章力という武器を手に入れることは，将来に対する最大級の投資になります（古賀，2012，p.53）．

　本講義では，まず，ライティングスキルを磨く意義について，ライターである古賀史健によって執筆された『20歳の自分に受けさせたい文章講義』を中心に述べます．タイトルで示されているように，20歳の読者を主たる対象に書かれています．本書も，大学1年生を主たる対象にしているため，参考にすべき点が多々ありました．『20歳の自分に受けさせたい文章講義』は，他の講義においても参考としました．

✎ライティングスキルを磨く今日的意義✎

1．コミュニケーション能力としてのライティングスキル

　　日本経済団体連合会による調査では，新卒採用の選考にあたって企業が特に重視した点は 16 年連続で「コミュニケーション能力」が 1 位となりました（日本経済団体連合会，2018）．私が大学生であった頃から一貫して，企業が採用にあたって最も重視するのが「コミュニケーション能力」である点には驚かされます．実際に企業でインターンシップを行った学生に対して，どのような能力が求められたかを尋ねても，「コミュニケーション能力」という回答が多く返ってきます．「コミュニケーション能力」という概念は多義的（一つの語に多くの意味があること）ですが，まず，人の意見をきくことや空気を読むといった能力が考えられます．また，自分の意見を正確に人に伝える能力も考えられるでしょう．自分の意見を正確に人に伝える方法は，声に出して言葉を発するだけではなく，文章を書くことも一つの方法です．<u>文章は，他者に何かを知らしめるために書き，コミュニケーションに使うために存在します</u>（宇佐美，2001，p.141）．<u>論文もコミュニケーションの一形態であり，複数の人間に読まれ得ることを想定した公共性を持った文章表現です</u>（河野，2018，p.35）．「コミュニケーション能力」を高めるためには，きく力を磨き，話し方を工夫するといった点に限らず，ライティングスキルを高めることも重要となります．

　　コミュニケーションスキルに対して，従来とは異なる考えを持つ堀江の視点を参考にすれば，ライティングスキルを高める新たな意義が見出せます．堀江は以下のように述べています．

> これからの時代，仕事はなくなるかもしれないが人間は残る．そんな時代に備えてやっておくべきことは，好きなことをすること．そして人間関係をリフレッシュできるようにコミュニケーションスキルを磨くことくらいだろう．単に会話術を学べということではない．しゃべりがうまく，その場を盛り上げられるというのも，たしかにコミュニケーションスキルではあるが，なにも話ができなくたっていいのである（堀江，2016，p.198）

　　話が出来なくても，コミュニケーションスキルを磨くことが出来るという堀江の考えは斬新です．続けて，次のように述べています．

> <u>本当のコミュニケーションスキルとは，自分から話しかけられるようにしゃべりがうまくなるのではなく，人が話しかけたくなるようなスキルのことだ</u>…（中略）…何か磨かれたスキルを持っていれば，そのスキルが自分の空白を補完してくれるのではないかと考えて，

その人に惹かれる人が必ず出てくるはず．この「人が惹かれるスキル」こそが，実はコミュニケーションスキルの本質だ（堀江，2016，p.199）

　しゃべりがうまく，その場を盛り上げられる人も，人が話しかけたくなるようなスキルの持ち主でしょう．同様に，ライティングスキルを持っている人も，人が話しかけたくなるようなスキルの持ち主です．なぜなら私達は，これまでの時代と比較して，書くことを過剰に求められる時代を生きているためです．

2．書くことを過剰に求められる時代

　これまでの時代と比較して，書くことを過剰に求められる時代になったとなぜ言い切れるのでしょうか？この点について，古賀は次のように述べています．

中小企業のほとんどは自社のホームページを持たず，1 人 1 台のパソコンも支給されていなかった…（中略）…たった 15 年前，1990 年代後半の話である．当時のことを思えば，毎日何十通，あるいは 100 通以上ものメールをやりとりする現在は，明らかに異常である．**書きすぎだし，書かされすぎである**…（中略）…**きっとこれからますます「書く時代」「書かされる時代」になるだろう．** メール，企画書，プレゼン資料，謝罪文，就活のエントリーシート，ブログ，SNS，そして今後生まれるだろう新しいコミュニケーションサービス．われわれが文章を書く機会は，この先増えることはあっても減ることはない（古賀，2012，p.51）

　さらに古賀は，2007（平成 19）年の社会人は，ツイッターもフェイスブックも使っておらず，今後どんな変化が起こって，どれだけ書く機会が増えるか想像もできないと述べています（古賀，2012，p.51）．
　私は 2004（平成 16）年 4 月から 2006（平成 18）年 3 月まで，企業で働いていましたが，古賀が指摘するように，誰もツイッターやフェイスブックを使っていませんでした．仕事ではメールを使用していましたが，電話や FAX でのやり取りが非常に多かったことを記憶しています．現在は，電話が人の時間を一方的に奪う行為であると，批判されることもあります（堀江，2017，p.79）．堀江は，仕事をしている際に電話を鳴らされると，強制的に仕事が中断され，リズムが崩れると指摘します．電話をかけることの是非はともかく，仕事で電話を使用する頻度が減り，メールでやり取りをする機会は格段に増えたと言えます．多くの業種・職種において，ライティングスキルを持っていないと，仕事が出来ないと評価される時代になりました．特に，大学を卒業した者に対しては，ライティングスキルがより一層求められるでしょう．

また，SNS の利用者も年々増加しています．総務省情報通信政策研究所が
2023（令和 5）年に出した調査報告書によれば，全年代の利用率でツイッター
（X）が 45.3%，フェイスブックが 29.9%になっています（総務省情報通信政
策研究所，2023）．ルポライターである安田によれば，35 歳の既婚サラリーマ
ンは 1 年間で新書 15 冊ほどの分量の文章を執筆しています（安田，2022，p.4）．
ビジネスマンの 1 日平均の送信メール数が 11.59 通，社内でのプレゼン資料や
日報の記入，SNS でのコミュニケーションなどから 1 週間で文字数 3 万字にせ
まり，1 年間に 140 万文字以上に達すると算出しています．新書の文字数が 1
冊あたり，8 万から 12 万文字であるため，15 冊になると指摘します．安田が根
拠としたビジネスマンの 1 日平均の送信メール数は，日本ビジネスメール協会
が 2019 年に実施した調査結果であり，2023（令和 5）年に実施された調査では
15.24 通になり（日本ビジネスメール協会，online），さらに増加しています．
　一方で現代社会は，AI によって人間の仕事が奪われる時代です．対話型 AI
によって書く量が減っていく未来も予想されていますが，古賀は「『書くこと』
のすべてを機械にまかせる時代は来るだろうか？それはありえない話だ．『書く
ことは考えること』であり，そこだけは機械まかせにはできない」（古賀，2012，
p.52）と主張します．「書くことは考えること」とは，いかなる意味を含んでい
るのでしょうか．

3．書くことは考えること

　古賀は書く技術を身につける意義について，次のように述べています．

> 「書く技術」を身につけることは，そのまま「考える技術」を身につけることにつながる
> からである．仕事や人生で困難にぶつかったとき，どんなに頭を抱えて考え込んでも，堂々
> 巡りをするばかりでまともな答えは出てこない．ところが，悩みを文章に書き起こしてい
> くと，意外な答えが見つかる．…（中略）…「書く」というアウトプットの作業は，思考
> のメソッドでもあるのだ（古賀，2012，pp.16-17）

　作家で実業家であるドベリは，ドイツでベストセラーとなり，ドイツ以外の
29 ヵ国で翻訳出版された『Think clearly：最新の学術研究から導いた，よりよ
い人生を送るための思考法』で書く意義にふれ，次のように述べています．

> あなたが本当に「自分の意見」をつくりあげたいときは，どうすればいいだろう？その場
> 合は，時間をかけて，落ち着いて，自分の考えを書き出してみるといい．「書く」という行
> 為は，考えを整理したいときの王道だ．とりとめのない思考も，文章にすればクリアにな

っている（ドベリ，2019，p.254）

　古賀とドベリの主張には，全面的に賛同出来ます．これまで私も，仕事や人生で困難にぶつかり，大きな岐路に立たされた経験があります．一つは会社をやめて，保健体育教師になりたいという思いを抱いた時期です．当時は教員免許を持っておらず，商学部卒の私が保健体育教師になるには，体育学部やスポーツ科学部がある大学に通う必要がありました．多くの葛藤に苛まれましたが，解決の手助けとなったのは，その葛藤を文章に書き起こすことでした．会社をやめることのリスク，学費の問題，教師への適正，さらには，教師を志す理由を徹底的に書き出しました．その際に，私は心の内にある思いのみをアウトプットしていたのではありません．書くという作業を通して，心の内にあった思い以外のものを作り上げていきました．古賀は次のように述べています．

　　　われわれは，理解したから書くのではない．理解できる頭を持った人だけが書けるのではない．むしろ反対で，われわれは「書く」という再構築とアウトプットの作業を通じて，ようやく自分なりの「解」を掴んでいくのだ．順番を間違えないようにしよう．人は解を得るために書くのだし，解がわからないから書くのだ．おそらくこれは，世界的な文豪たちでも同じはずである．わからないことがあったら，書こう．自分の言葉に「翻訳」しよう．そうすればきっと，自分なりの解が見つかるはずだ．長年ライターとして生きてきたぼくが，断言する（古賀，2012，pp.40-41）

　ドベリも何を書くかというアイディアは考えているときではなく，書いている最中に浮かぶと述べています（ドベリ，2019，p.23）．
　当時の私は，会社をやめて，保健体育教師になるという解を見出せていませんでした．書くという作業を通して，自分なりの解を掴んでいきました．結果的に私は会社を退職し，教員免許を取得するために大学に通うことになりました．その後さらに紆余曲折があり，様々な困難にぶつかる度に，書くという行為は自分自身を大いに助けてくれました．私にとって書くことは，コミュニケーションの方法のみならず，仕事や人生で困難にぶつかった際に，思考を熟成させて自分なりの解を導き出す上で欠かせない方法です．
　小笠原は，人間にとって大切なのは頭の外で考えることであり，頭の中で考えずに紙などに書いて，それをみつめて考えるようになったため，より複雑なことができるようになったと指摘します（小笠原，2018，p.5）．同感です．その際に重要な点は，「考えてから書く」と同時に，「考えるために書くこと」です．古賀は次のように述べています．

文章の世界では，しばしば「考えてから書きなさい」というアドバイスが語られる．考えもなしに書きはじめても，いい文章にはならないと．たしかにそれはその通りなのだが，もしも目の前に20歳の自分がいたら，ぼくはもっと根本的なアドバイスをおくるだろう．つまり「考えるために書きなさい」と．書くことは考えることであり，「書く力」を身につけることは「考える力」を身につけることなのだ…（中略）…メールや企画書がうまく書けるようになるとか，卒論やレポートの評価が上がるとか，そんなものは枝葉末節にすぎない議論だ（古賀，2012，p.41）

　学生の皆さんにとっては，卒業論文やレポートの評価は枝葉末節にすぎないことではなく，重大な関心事であるでしょう．しかしながら，授業で良いレポートを書いて単位を修めるだけでなく，さらにその先を皆さんには見据えてほしいと思います．書く技術が身につけばものの見方が変わり，物事の考え方が変わり，さらには，世界を見る目も変わってきます（古賀，2012，p.17）．ものの見方が変わり，世界を見る目が変わることは，自らを変えたと言えるでしょう．この点について，フランスの思想家であるミシェル・フーコーは次のように述べています．

　　もし，既に考えてきたことを表現するために本を書く必要があったならば，私は執筆を始める勇気を決して持たなかっただろう…（中略）…私が執筆する際には，以前と同じことを考えるためではなく，何よりも自分自身を変えるために文章を書く（Foucault，1991，p.27）

　自らの書く技術を向上させることによって自分自身を変えることは，対話型AIが進化しようとも達成されない唯一無二の営みです．皆さんも自分自身を変えるために，ぜひ文章を書き続けてもらいたいと思います．

🖊ポイント🖊

① 私達はどのような職につこうとも，ライティングスキルを求められる社会に生きている．
② ライティングスキルは，コミュニケーション能力の一つである．
③ 書くことを過剰に求められる時代であり，今後はさらに「書く時代」「書かされる時代」になる．
④ 書くことは考えることであり，書くというアウトプットの作業は，思考のメソッドである．
⑤ 人は解を得るために書き，解がわからないから書く．

⑥　自分自身を変えるために文章を書く.

文　献

ドベリ：安原実津訳（2019）Think clearly：最新の学術研究から導いた，よりよい人生を送るための思考法. サンマーク出版.

Foucault: Trans. Goldstein, J. R. and Cascaito, J. (1991) Remarks on Marx: Conversations with Duccio Trombadori. Semiotext.

古賀史健（2012）20 歳の自分に受けさせたい文章講義. 講談社.

河野哲也（2018）レポート・論文の書き方入門（第 4 版）. 慶應義塾大学出版会.

堀江貴文（2016）99%の会社はいらない. KK ベストセラーズ.

堀江貴文（2017）多動力. 幻冬舎.

日本ビジネスメール協会. ビジネスメール実態調査 2023. https://businessmail.or.jp/research/2023-result/,（参照日 2023 年 11 月 27 日）.

日本経済団体連合会（2018）2018 年度 新卒採用に関するアンケート調査結果. https://www.keidanren.or.jp/policy/2018/110.pdf,（参照日 2022 年 12 月 30 日）.

小笠原喜康（2018）最新版・大学生のためのレポート・論文術. 講談社.

総務省情報通信政策研究所（2023）令和 4 年度 情報通信メディアの利用時間と情報行動に関する調査報告書 ＜概要＞. https://www.soumu.go.jp/main_content/000887588.pdf,（参照日 2023 年 11 月 27 日）.

宇佐美寛（2001）宇佐美寛・問題意識集 2　国語教育は言語技術教育である. 明治図書出版.

安田峰俊（2022）みんなのユニバーサル文章術. 星海社.

第2講義
📖レポート・論文作成の作法📖

　本講義では，レポート・論文とは何かを説明した後に，レポート・論文を作成する上で守るべき作法について解説します.

✏️レポート・論文って何だ？✏️

　広辞苑によると，レポートとは「①報告. 報道. ②報告書. 学術報告書.」（新村編，2008，p.2990）と説明されています. 本書では②の「学術報告書」という意味として，レポートを用います. また，論文は「①論議する文. 理義を論じきわめる文. 論策を記した文. ②研究の業績や結果を書き記した文.」（新村編，2008，p.3016）と説明されています. こちらも本書では②の「研究の業績や結果を書き記した文」という意味として，論文を用います. しかしながら，これらの説明だけでは，レポートと論文の意味は極めて掴みにくいでしょう. これまで皆さんが，高校や大学入試の際に取り組んだ，小論文との比較が理解を深める上で効果的であると思われます. 石黒は，小論文・レポート・論文を以下の表のように，簡潔にまとめています.

表2-1　小論文・レポート・論文の違い（石黒，2012，p. 4）

	時期	目的	問い	ウソ	オリジナリティ
小論文	高校	与えられる	ある程度必要	ある程度許容	不要
レポート	大学	理解を報告	与えられる	認められない	必須ではない
論文	大学・大学院	発見を論証	自分で立てる	認められない	必須

　小論文とは，時間制限と戦いながら試験場で書く文章であり，その場で思いついた発想を自分なりの論理で組み立てて書けばよく，厳密な検証は要求されません（石黒，2012，p.3）. また，人から聞いた，あるいは本で読んだアイデアを，自分の考えであるかのように語ることも大目にみられがちであると石黒は指摘します. 皆さんがこれまでに取り組んできた小論文の内容を，的確に説明しているのではないでしょうか.

　レポートは，大学の講義や演習で書くものが中心であり，その目的は，授業の内容がどのくらいわかっているかという理解を報告することです（石黒，2012，

p.4）．石黒が指摘するように，問いを学生が立てることもありますが，「〜について論じなさい」という形で教員から指定されることが多いです．学術的な文章であるため，不正確な内容を盛りこむことは認められません．そのため，自分の意見ではなくファクトベースで書くことが重要です（苫米地，2016，p.141）．ファクトから考え，ファクトで語る必要があります．オリジナリティはあれば望ましいですが，高い独創性が求められることはありません．

　論文は，「ある問題についての，自分の主張をなんらかの調査に基づいて，合理的な仕方で根拠づけようとする，一定の長さの文の集まり」（門脇，1994，p.213）です．論文で問題にするのは，自分自身や他人にとって重要だと思われ，かつ，なんらかの学問的な手続きをとって検討するに値するものです（門脇，1994，p.215）．重要だと考えられる問いを自分で立て，発見を論証していく手順をとります．石原は論文の仕事を，常識を覆すような論を展開することであり，新しいものの見方を提示することにあると述べます（石原，2006，pp.143）．大学生の皆さんが常識を覆すような論を展開し，新しいものの見方を提示することはほとんどありません．皆さんには，論文を書く上での基礎を身につけてもらえればと思います．特に，論文・レポートは小論文と比較して，守る必要があるルールが格段に増えます．皆さんには，本書を通じて，論文・レポートにおいて守るべき作法やルールについて学んでもらいたいと思います．

レポート・論文作成の作法

1．話すように書かない

　皆さんの中には，自分の考えを他人に話すことがとても得意な人もいるでしょう．反対に話すことが苦手な人もいるでしょう．また，話すことは苦手だが，書くことを得意と考えている人もいるでしょう．話すことと書くことについて類型化すると，以下のようになります．

	話せる	話せない
書ける	タイプ①	タイプ②
書けない	タイプ③	タイプ④

　皆さんはどのタイプでしょうか？大学1年生で既にタイプ①に該当する人は，さらなる高みを目指してください．話すことと書くことが苦手だというタイプ④の人は，まず，本書を通して書く力を身につけていきましょう．本書で書かれている内容を実践すれば，書く力は格段に向上します．なお，ここでいう書

く力とは，読書感想文や小説ではありません．論文やレポートを書く力になります．そして書く力がついてくると，話す力も間違いなく向上します．もちろん，「話すこと」＝「書くこと」ではないため，書く力をつけるだけで，話すことを極めることは出来ません．しかしながら，第1講義でもふれたように，書く力を身につけることは考える力につながります．自分の考えを上手く他人に話すには，考える力が必要不可欠です．話をすることが苦手だという人は，書く力を向上させることで話す力も向上させてもらいたいと思います．書けるが話せないというタイプ②の人は，考える力はありつつも，言葉を発しての表現が苦手なタイプです．残念ながら，本書の主題ではないため改善案についてお示し出来ませんが，話すといったプレゼンテーション能力は，大学生活において格段に増します．お笑い芸人に代表されるように，天性で話すことが上手い人達も世の中には存在しますが，話すことも訓練を積むことで向上することは間違いありません．ぜひ，諦めずに精進してもらいたいと思います．

　本講義で特に着目したいのは，話せるが書けないというタイプ③です．これまで皆さんは，「話すように書きなさい」という助言をもらったことはないでしょうか？しかしながら，「話すように書きなさい」という助言は間違っています．少し長くなりますが，話すことと書くことの違いについて述べた，古賀の主張を下記に引用します．

> 「話すこと」と「書くこと」は，まったく別の行為だ…（中略）…**言葉を話すとき，あなたは「テレビ」である**．満面の笑みを見せることもできるし，怒鳴り声を上げることもできる．自分の気持ちを，言葉，表情，声，身振りなど，さまざまな道具を使って伝えることができる．実際そうやって話しているし，相手も素直に理解してくれるだろう．一方，**文章を書くときのあなたは「新聞」である**．喜怒哀楽を表情で伝えることもできないし，怒りに震える声を聞かせることもできない．テレビどころか『ラジオ』ですらないのだ．**使える道具は，言葉（文字）だけ**．声や表情などの使い慣れた武器をすべて奪われ，ただ言葉という棒切れ一本で勝負しろと迫られる．自分の気持ちを正確に伝えるのはかなり困難で，「言葉だけ」で読まされる読者からしても，理解するのは難しいはずだ．テレビディレクターから新聞記者に転身すること．「話すこと」と「書くこと」の違いは，それくらい大きいのである（古賀，2012，pp.8-9）

　話すこと＝テレビ，書くこと＝新聞という表現は，非常に上手い比喩です．私達が論理的にデタラメな言葉を使っても，大きな誤解を招くことなく会話が成立しているのは，私達が言葉以外の要素を使ってコミュニケーションをとっているためです（古賀，2012，p.65）．顔の表情，声の高さやテンポ，視線，身振り手振りを駆使し，会話をしています．話す言葉をそのまま文字にしたとこ

ろで，声や表情で伝えていた情報は必ず抜け落ち，その抜け落ちた部分を補強しないことには，伝わる文章にはなりません（古賀，2012，p.66）．

　話す場合には，聞き手がすぐ近くにいて，その場で自分の考えに表現を与えながら考えを進めていくのに対し，書くという表現は，たいていは1人で考えたことを文字にしたり，考えながら文字にしておくことが多いと言えます（苅谷，2002，pp.129-130）．また苅谷は，考えたことが消えずに文字として残ることも話す場合と大きく違う点であり，次のように述べています．

> 考えたことを文字にしていく場合，いい加減であいまいなままの考えでは，なかなか文章になりません．何となくわかっていることでも，話し言葉でなら，「何となく」のニュアンスを残したまま相手に伝えることも不可能ではありません．それに対して，**書き言葉の場合には，その「何となく」はまったく伝わらない場合が多い**のです．身振りも手振りも使えません．顔の表情だって，読み手には伝わりません．それだけ，あいまいではなく，はっきりと考えを定着させることが求められるのです．そのような意味で，**書くという行為は，もやもやしたアイデアに明確なことばを与えていくことであり，だからこそ，書くことで考える力もついてゆく**のです（苅谷，2002，pp.130-131）

　苅谷も古賀と同様に，書き言葉は「何となく」では伝わらない場合が多いだけでなく，書くことで考える力もつくと指摘しています．皆さんがレポートや論文を作成する際には，まず，話すことの延長にあるという考えを捨て去って取り組んでもらいたいと思います．

　また，レポートや論文では話し言葉は用いず，書き言葉を用いる必要があります．以下にレポートや論文で避けたい話し言葉の例を示しました．

表2-2　論文では避けたい話し言葉の例（石黒，2012，p.127）

	話し言葉→書き言葉	話し言葉→書き言葉
接続助詞	から　→　ので	したら　→　すれば
	して　→　し（連用中止法）	のに　→　にもかかわらず
	しないで　→　せずに	けど　→　が
副詞	全然　→　まったく	一番　→　もっとも
	多分　→　おそらく	ちっとも　→　少しも
	絶対　→　かならず	もっと　→　さらに
接続詞	だから　→　そのため	けど　→　だが
	それから　→　また	だって　→　なぜなら
	でも　→　しかし	じゃあ　→　では

上記の表は便宜上のものであり，いつも話し言葉と書き言葉がセットになって，はっきりと分かれるわけではありません（石黒，2012，pp.128-129）．皆さんには，論文や学術書を今後読んでいく中で，書き言葉と避けるべき話し言葉を学んでもらいたいと思います．

　さらには，話し言葉と同様に，論文になじまない表現にオノマトペがあります（石黒，2012，p.134）．オノマトペは，五感でとらえた身体の外側の感覚や，喜怒哀楽などの身体の内側の感覚を象徴的な音を使い，実感を伴って再現する表現です．日本語では，「ワンワン」のような音を模した擬音語と，「ぼろぼろ」のような状態や動作の様子を模した擬態語を合わせた言葉として用いられます．オノマトペはレポートや論文では，使用しないよう心がけましょう．

2．美文ではなく正文を目指す

　論文の目的は読者に自分の合理的な主張を伝達することであり，まずは明快な文章を書くことを心がけるべきであって，文学的に美しい文章を書く必要はありません（門脇，1994，p.223）．レポートも同様です．さらには，ビジネスで使うほとんどの文章においても「文才」は求められておらず，読み手に役立つ内容をわかりやすく伝えることが求められます（上坂，2017，p.7）．古賀は美しい文章を目指すべきではなく，次のように述べています．

　　　余裕があれば美しくてもけっこうだが，美しさよりも先に「正しさ」がくるべきだと思っている．「美文」という言葉に対比させるなら「正しい文＝正文」だ．なぜ美しさが不要なのか？ひとつに，文章本来の目的が「伝えること」だからである．いくら美しい声を持っていても，発音が不正確なら会話は成立しない．聞き苦しいダミ声であっても，発音が正確なら会話は成立する．情報を伝えるために必要なのは，美しさではなく正しさである．そしてもうひとつが，美という概念がどこまでも主観的であることだ．どんな文章表現を美しいと思うかは，人それぞれによって異なる（古賀，2012，p.74）

　正しさを意識することは客観的な目線を意識することにつながり，それでこそ論理性が保たれ，支離滅裂な文章にならずにすむと古賀は主張します（古賀，2012，p.75）．私も同意見です．ただし古賀は，いかなる種類の文章にも正解が存在するわけではなく，あからさまな不正解が存在すると指摘します（古賀，2012，pp.74-75）．この点も私は賛同します．本書では，レポートや論文において絶対的な正解である文章を皆さんに書けるようになってもらうことが目的ではなく，不正解な文章を避ける術を伝えていきます．

3．序論・本論・結論で構成する

　論文は，<u>あるテーマのもとで問いを立て（序論），その問いについて論理的・実証的に論述を展開し（本論），最終的に解答（結論）を与えます</u>（河野，2018，pp.32‐33）．つまり問題提起から始まり，議論を経て，解答に至るという形式で構成されなければなりません（河野，2018，p.33）．

　序論ではテーマを設定し，論じる範囲や分野を明確にし，限定します（河野，2018，p.45）．なぜそのテーマを扱うのかという，背景や理由を示します．書き手の個人的疑問や問題に留まらない，一般に論ずべき価値があるテーマを立てることが重要です．テーマに関して問いを立てますが，上述のように，レポートの問いは学生自身が設定することもあれば，教員が指定することもあります．いずれにせよ，序論で示す必要があります．

　本論では序論で示した問いに対して，結論に至るべく議論を展開します（河野，2018，p.47）．<u>根拠と証拠のある主張を展開する必要</u>があり，必要に応じて実証を行わなければなりません．河野は以下のものが実証のための根拠になると指摘しています（河野，2018，p.49）．

　① 実験・観測（観察）・アンケート調査・インタビューなどによる実証的な証拠，いわゆる「事実」
　② 証言，または信頼できる専門家の意見
　③ 一般に確認された見解，すでに証明された主張，あるいは，いわゆる社会的通念，常識

　結論は，本論で展開された議論に基づいて，序論で提示した問題に解答を与える部分です（河野，2018，p.50）．結論では，本論で提示した以上の新たな議論・実証は展開しません（河野，2018，p.51）．結論は本論で論じた内容から得られる結論であり，結論で新たな本論を展開してはいけません．

　以上の点は論文において求められる構成であり，大学の授業で課されるレポートすべてに求められるものではありません．しかしながら，卒業研究論文の作成の際には求められるため，授業のレポート作成においても，序論・本論・結論を意識して取り組んでください．序論・本論・結論の構成については，第11・12 講義でさらに詳述します．

文　献

石黒圭（2012）この 1 冊できちんと書ける！論文・レポートの基本．日本実業出版社．

石原千秋（2006）大学生の論文執筆法．筑摩書房．

門脇俊介（1994）論文を書くとはどのようなことか．小林康夫・船曳建夫編　知の技法：東京大学教養学部「基礎演習」テキスト．東京大学出版会，pp.213‐224．

苅谷剛彦（2002）知的複眼思考法：誰でも持っている創造力のスイッチ．講談社．

古賀史健（2012）20 歳の自分に受けさせたい文章講義．講談社．

河野哲也（2018）レポート・論文の書き方入門（第 4 版）．慶應義塾大学出版会．

新村出編（2008）広辞苑（第 6 版）．岩波書店．

苫米地英人（2016）思考停止という病．KADOKAWA．

上坂徹（2017）10 倍速く書ける超スピード文章術．ダイヤモンド社．

第3講義

📖レポート・論文作成の基本ルール📖

　本講義では，レポート・論文を作成する上で求められる基本ルールについて解説します．

🖊レポート作成の基本ルール🖊

Rule 1　常体（である調）を用いる

　レポートや論文では常体（である調）を用い，敬体（です・ます調）を用いません（葛生，2007，p.102）．常体（である調）は断定の言葉であり，それ自体に勢いと切れ味があります（古賀，2012，p.100）．しかしながら，断定の言葉にはその切れ味の鋭さゆえにリスクが伴い，古賀は次のように指摘しています．

> 断定とは，基本的に自分の考えをゴリ押しするような表現である．しかし，人間の真理は，強く押されると反発するようにできている．10の力で押された読者は，条件反射のように10の力で押し返すのだ．まさに作用・反作用の法則である．そのため，あまりに強い断定の言葉を持ってくると，強烈な反発を食らう可能性が高い（古賀，2012，p.101）

　古賀は断定という刃を使うには論理が必要であり，断定する箇所の前後をしっかりとした論理で固めるしかないと主張します（古賀，2012，p.102）．レポートや論文では，常体を用いる必要があるからといって，杓子定規に断定の言葉を用いるのではなく，断定の言葉を用いる際にはより一層，論理の正確性に注意を払ってください．

Rule 2　語句を明確に使う

　第2講義で述べたように，レポートや論文で求められるのは，美文ではなく正文です．明快な文章を書いて，自身の合理的な主張を伝達する必要があります．そのためには，語句を明確に使うことが求められます．語句に曖昧さを残さないために，まずは，「この」や「その」といった<u>指示代名詞（こそあど言葉）を，可能な限り避けるようにしてください．</u>こそあど言葉を避けると，同じ語

句を繰り返し使用することになり，くどい文章になる可能性もあります．しかしながら，レポートや論文では，くどい文章になっても曖昧さを残さないように書くことが求められます．また，**「など」を極力，避けるようにしてください**．「など」は書く場合だけでなく，話す際にも非常に便利ですが，曖昧さが残ります．「など」を使用する場合は，レポートの末尾の注釈において，「など」にあたる内容を示すようにしましょう．注釈の表記については，第7・8講義で詳述します．

Rule 3　主語と述語を一致させる

　文章の基本作法として，主語と述語を一致させる必要があります（山内，2001，p.87）．レポートや論文では，主張や情報が誰によるものなのかを明確にしなければなりません．主語が不明である文章は根拠が不明であり，話の信憑性を判断する材料を読者に提示していません（烏賀陽，2017，pp.66‐67）．主語が不明な文章は，どの程度事実と考えてよいのか，読者の理解を妨げます．主語がわからない文や，主語と述語がずれている文は避けなければいけません．そのためには，まずは，一文を可能な限り短くし，一文に情報を詰め込み過ぎないことが肝要になります．短い文であれば，主語が明確になっていないことが確認しやすくなり，主語と述語がずれることも避けやすくなります．

Rule 4　敬称・敬語を用いない

　学術論文では，敬称・敬語の類を用いないのが標準的なルールとなっています（葛生，2007，p.106）．皆さんの身近な教員が書いた書籍や論文の内容を引用する際にも，敬称や敬語を用いる必要はありません．「○○先生は少子高齢化の問題について論じられています」と書くのではなく，「○○は少子高齢化の問題について論じている」とします．この点は，本書の第7・8講義で詳述します．

Rule 5　漢字とひらがなのバランスを考える

　レポートや論文では，漢字とひらがなのバランスに気を配る必要があります．パソコンでは，読み方さえ打ち込めば，難解な漢字を容易に変換出来ます．この点について古賀は，次のように述べています．

　　パソコンだからこそ，書けているのだ．そして難解な漢字を書くのに苦労しなくなると，なぜか漢字を多用したくなる書き手が増えるのだ．きっと，そのほうが賢く見える気がす

るのだろう．しかし，**視覚的リズムの観点からいうと，漢字を多用した文章は第一印象が
悪い．ページ全体が黒くてごちゃごちゃするのもそうだし，読めない漢字が混ざっている
と，読者の足はそこで止められる．覚えておこう．少なくともパソコンを使った文章で，
どんなにたくさんの難しい漢字を駆使しようと，それは優秀さの証ではない**（古賀，2012，
p.90）

　レポートや卒業研究論文をチェックすると，漢字を無理に多用しているケー
スに遭遇します．決して減点はしませんが，評価を高くすることはありません．
しかしながら，ひらがなだけの文章にも問題が生じます．ひらがなにはひらが
なの圧迫感があり，ひらがなが連続しすぎると，どこで切れば良いのかわかり
にくくなります（古賀，2012，p.91）．れぽーとやろんぶんのさくせいだけでな
く，ぶんしょうをかくさいにおいては，かんじとひらがなのばらんすにちゅう
いしましょう．

Rule 6 　算用数字（アラビア数字）やアルファベットは半角にする

　算用数字（アラビア数字），アルファベット，年号日時は半角で表記します（小
笠原，2018，p.23）．また，熟語や成句，固有名詞や慣用が固定しているものは
漢数字を用います（小笠原，2018，p.25）．

（漢数字の例）　a．和語の数詞　　一つ，二つ
　　　　　　　　b．概算の数字　　数十人，幾千
　　　　　　　　c．固有名詞　　　七里ヶ浜，四番町
　　　　　　　　d．慣用語句　　　二言はない，一堂に

Rule 7 　体言止めをしない

　体言止めは，レポートや論文では用いません（葛生，2007，p.102）．小説や
エッセイにおいて体言止めを用いることは，読者を引き込むために効果的です．
体言止めを用いることで美文になる可能性はありますが，上述のようにレポー
トや論文では，美文を目指す必要はありません．注意しましょう，レポートで
の体言止め．

Rule 8 　句読点の打ち方

　読点の打ち方には法則はなく，読点は息つぎのための符号であり，多くても
少なくても読みづらくなります（小笠原，2018，p.27）．鷲田は次のように述べ

ています.

> 句読点をどう打つかということも，考えていくとむずかしい．とくに，読点の打つ場所い
> かんは，やっかいだ．これに厳格なルールがあるかのように振る舞う人がいる．だが，句
> 読点の打ち方は「時代」で変化する．正確，迅速に読むためのものだから，一律なものは
> ないと考えてよいだろう．私は読み，理解するための妨げにならないかぎり，逆に，読み，
> 理解する助けになるなら，句読点の打ち方に幅をもたせた方がいい，と考え，実践してき
> た（鷲田，1999，pp.154‐155）

　その上で鷲田は，句読点はこまめに打つことをすすめています（鷲田，1999，p.157）．古賀は句読点については，「1 行の間に必ず句読点をひとつは入れる」というルールを設けています（古賀，2012，p.84）．他のライターは，40 文字の中で 1 回は句読点を入れることをすすめています（安田，2022，p.60）．レポートは 1 行 40 文字前後であるケースが多いため，絶対的な基準ではありませんが，40 文字の中で一つは句読点をいれることを推奨します．

✐練習問題✐

　レポート作成の基本ルールに則って，以下の文章を修正しなさい.

　２０３０年の冬季オリンピック・パラリンピックについて，札幌市は招致活動を行うべきではありません．五輪による一時の熱狂ではなく，医療機関・学校・図書館といった公共サービスの充実が優先されるべきです．今回のコロナの影響から，医療機関の充実がいかに重要であるかを私達は改めて認識させられた．特に医療崩壊の危機感を一番早くに持ったのは，多分，北海道．そして五輪による経済効果は，長く続かないという問題もある．
　五輪を招致し，開催する資格があるのは，財政が大丈夫な都市や国である．現在の北海道と日本には，その資格がない．また，周知のように急激な景気の悪化から，今後，大規模な財政出動がなされる．さらに，東京 2020 の延期に伴って，東京のみならず日本において，もっと人的・財政的負担が強いられる．進む勇気じゃなく，立ち止まる勇気が求められている．

＊＊＊＊＊＊＊＊＊＊＊＊＊＊＊＊＊＊＊＊＊＊＊＊＊＊＊＊＊＊＊＊＊

小論文の不思議（補論）

　小論文とは何かを一義的に説明することは，非常に難しい作業です．上述のように，レポートや論文という言葉は，広辞苑で説明されています．しかしながら，小論文という言葉については，広辞苑で取り上げられていません．教育関係者は当然として，社会人の誰もが知っており，中・高校生の多くが使用する言葉である小論文が，辞書において記述されていません．2018（平成30）年1月に改訂新版された広辞苑では，「いらっと」や「がっつり」といった言葉が新たに追加されました．「いらっと」は「瞬間的に苛立ちを覚えるさま」（新村編，2018，p.214），「がっつり」は「十二分に．たっぷり．また，思いっきり」（新村編，2018，p.580）と説明されています．辞書は，多くの日常言語を網羅的に収集し，言葉の意味と概念を可能な限り簡潔に記述し，その用法を明示するという傾向を持ちます（阿部，1995，p.12）．「いらっと」や「がっつり」という言葉が人々から使用される前から，小論文は市民権を得ている言葉であるにもかかわらず，広辞苑には取り上げられていません．取り上げられていない理由は，広辞苑を編纂した方々にきいてみないとわかりかねますが，小論文の曖昧さが関係しているのではないかと私は考えています．

　そもそも，小論文の「小」にどのような意味があるのか解釈が分かれます．論文の文量が短いという意味であれば，「短論文」とするのが適切です．「小」論文とはいかなる意味を持つのか，わかりにくいと言えます．文字数だけに焦点を当てると，世の中には，文字数の少ない論文も存在します．しかしながら，そのような文字数が少ない論文であっても，小論文とは言われません．石黒が小論文を，人から聞いたりしたアイディアを自分の考えであるかのように語ることも大目にみられがちであると指摘したように，あくまで大目にみられがちなのであって，大目にみられない小論文も存在しています．このように小論文の実体が曖昧模糊であるからこそ，広辞苑で取り上げられていない側面があるのではないかと推察します．

　小論文は大学入試の際だけでなく，公務員試験でも用いられます．ただ，公務員試験といっても，市役所職員，教員，自衛官，警察官，消防士の採用試験によって，小論文の評価基準は異なります．大学入試における小論文においても，大学ごとに評価基準は異なり，受験生に求める能力も異なります．それにもかかわらず，世の中に存在する小論文対策を銘打った本が，「こう書けば評価される」と自信を持って主張することに私は懐疑的です．むしろ，「こういう書き方はしない」というような，消去法的な書き方を指南する方が正しいと考えます．

それでは,「こういう書き方はしない」といった具体的な内容はいかなるものでしょうか. まず, 小論文の問題で「問われていることを書く」ことです. 言い換えると,「問われていないことを書かない」ことです. 表 2−1 でも示したように, 小論文では目的が受験生に与えられます. 例えば, 温暖化に関する資料を提示され,「温暖化の問題について論じなさい」という問題が出題されたとしましょう. 温暖化の問題について論じることが目的であり, 少子化の問題を論じてはいけません. また, 論じなさいと言われているにもかかわらず, 課題文の要約に終始することも減点の対象です. さらには, 志望動機を述べるものでもありません.

　小論文は評価をする人や団体によって, 評価が大きく異なります. その中で, 最高の小論文を目指すことは困難を極めます. 自分では最高の小論文を書けたと思っていても, 実際は全く評価されていないこともあります. 小論文では,「問われていないことを書かない」といったような最低限のルールを守りつつ, "best" ではなく, "better" なものを作るといった視点も重要です.
＊＊＊＊＊＊＊＊＊＊＊＊＊＊＊＊＊＊＊＊＊＊＊＊＊＊＊＊＊＊＊＊

文　献

阿部生雄 (1995) 辞書に見る「スポーツ」概念の日本的受容. 中村敏雄編　スポーツ文化論シリーズ⑤外来スポーツの理解と普及. 創文企画.

古賀史健 (2012) 20 歳の自分に受けさせたい文章講義. 講談社.

葛生栄二郎 (2007) 文章と文章構成. 田代菊雄編　学生・院生のための研究ハンドブック. 大学教育出版, pp.96‐106.

小笠原喜康 (2018) 最新版・大学生のためのレポート・論文術. 講談社.

新村出編 (2018) 広辞苑 (第 7 版). 岩波書店.

烏賀陽弘道 (2017) フェイクニュースの見分け方. 新潮社.

鷲田小弥太 (1999) 入門・論文の書きかた. PHP 研究所.

山内志朗 (2001) ぎりぎり合格への論文マニュアル. 平凡社.

安田峰俊 (2022) みんなのユニバーサル文章術. 星海社.

第4講義

📖テーマを決める📖

1．テーマを決めるには：ブレインストーミング

　皆さんはレポートや論文などを書く際には，どのようにテーマを決めていますか．例えば，漠然としたテーマが浮かびあがっていても，いざ書こうとすると，何をどのように書いたらよいか悩んだ経験はありませんか．文章を書くにはテーマを絞り込むことが重要です．しかし，漠然としたテーマを絞り込むことに難しさを感じるかもしれません．そのような時，他者との対話や自己との対話から自分の考えを整理してみましょう．その方法として，ここではブレインストーミングについて紹介します．

1）ブレインストーミングとは

　広辞苑によると，「ブレインストーミングとは，会議のメンバーが，自由に意見や考えを出し合って，すぐれた発想を引き出す方法」（新村　編. 2018, p.2606）とあります．つまり，ブレインストーミングとは，参加者全員で自由にたくさんの意見やアイディアを出し合い，議論する過程を通して，1人では考えつかなかった優れた発想をうみだすことができる方法のことであり，この方法を応用すれば1人でも行うことができます（佐渡島・吉野，2018）．まずは，グループで行う方法から説明します．

　グループで行う場合には，参加者全員で自由に意見を出し合うと雑談になってしまいます．そこで，いくつかのルールがあります．

ブレインストーミングのルール（ケリー・リットマン，2002）
（1）　判断は後回しにしよう
　　互いのアイディアは否定しない．否定しないことで安心してアイディアを出すことができます．自由にアイディアを出しましょう．
（2）　質よりも量を重視する
　　良いアイディアを出そうとすると時間がかかります．まずは，浮かんだアイディアを自由に数多く出しましょう．
（3）　一度に話すのは1人
　　盛り上がってくると複数の人が同時に話すことになります．参加者全員が意見を出すことが大切です．話をしている人に耳を傾ける．聞いてもらって

いると安心して語ることができます. 皆で参加するようにしましょう.

（4）　視覚化しよう

　それぞれのアイディアが見えるように書き留めましょう. 思考が煮詰まった時に, アイディアをさかのぼっていくことで新たなアイディアのヒントを探すことができます.

（5）　アイディアは一言で

　アイディアの説明はできるだけ簡潔にしましょう. バトンをどんどん出して, 他者の意見からもっと良いアイディアがでるようになります.

（6）　他のアイディアに乗ろう

　他のアイディアに付け足すだけでも OK とします. 誰かが提案したアイディアから次のアイディアがうまれることもあります.

（7）　議題に集中しよう

　話しが盛り上がると次第に議題から話がそれることがあります. 議題に集中して話し合いましょう.

（8）　自由なアイディアを奨励しよう

　広い視点でのアイディアを奨励しましょう. 飛躍したアイディアからクリエイティブな発想につながることがあります.

2）ブレインストーミングの進め方

　ブレインストーミングを行ってみましょう.

　一つのテーマを決め, そのテーマについて, 参加者全員が自由にアイディアを述べます. 進行役を決めておくとよいでしょう. 進行役（または記録係）は, ホワイトボード（写真4−1）や模造紙（写真4−2）に参加者から出た意見を全て書き出していきましょう. 付箋紙を使って, 模造紙に貼るようにすれば, 類似したアイディアを集めることができて便利です. 付箋紙を使用する場合は, 1 枚に一つのアイディアを記載します. いくつかのアイディアが思い浮かべば, アイディア毎に 1 枚の付箋紙に記載してください. その際には, 誰のアイディアなのかが分かるように名前を書きましょう.

　発表は, 思いついた人から自由に発言しても, 順番に発表してもよいのですが, 参加者全員が発表できるようにします. 発表者と似たアイディアがあれば, 発表者の発言の後に「私も同じです」とあなたのアイディアを出しましょう.

　ブレインストーミングを行うことで, 漠然としたテーマが明確となり, 自分1人では思いつかなかったアイディアが見つかったりします. ぜひ, 挑戦してみて下さい.

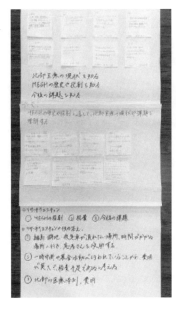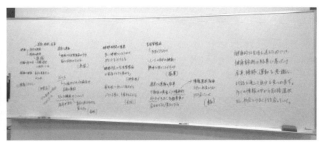

写真4-1　発表内容をホワイトボードに書き留める

写真4-2　参加者はアイディア毎に付箋紙に記載し模造紙
　などに貼る（1アイディア1付箋紙）.
　付箋紙には氏名を書きましょう.

2．マップの活用

　参加者が出し合ったアイディアを, マップ（図式化）を用いて整理してみましょう. マップを用いて整理することで, 自分自身や参加者が出し合った考えを客観的に捉えることができ, また, 他者へ分かりやすく説明することができます.
　ここでは, マップの作成の方法としてカードメソッドについて説明します.

1）カードメソッド

　カードメソッドは, 個人でもグループでも意見を整理する際に有効な方法です. ある共通のテーマについて, 個々でカードに意見を記載します. この場合, 一つのカードには一つの考えを書きます. 複数の考えが浮かんでいれば, その数だけ別のカードに記載します. グループ全員がカードの記載を終えると, 次はカードを用いて意見を発表していきます. まず, 1人がカードをテーブルの上に出して発表します. その考えに近いメンバーは, 類似した意見のカードの近くに自身のカードを提示しながら考えを説明します. つまり, 類似した内容のカードは, 近くに集まってくるのです. それを繰り返しながら, 全員が意見を出し合います. 意見が出揃ったところで, テーブルのカードを俯瞰します（写真4-3）. いくつかの意味ごとにカードのまとまりができましたね. 次に, カードのまとまりごとにどのような内容の塊なのか, テーマを付けてみましょう（写真4-4）.
　次にテーマを付けたまとまり毎に関係性を考えてみましょう. 関係しているテーマ同士を矢印や枠で囲んでマップを作成します（写真4-5）.

写真4−3　グループで意見を出し合う

写真4−4　近い考えをまとめる

写真4−5　マップを作成する

写真4−6　話し合いの成果を発表する

　マップが完成したら，グループの意見を他者へ発表しましょう．どのように工夫すると他者に伝わりやすいか，マップのレイアウトや発表方法を工夫してみましょう（写真4−6）．

　カードメソッドを行うことで，参加者全員が意見を出しやすくなり，議論が活発になります．また，みんなの意見をマップとして「見える化」することで，他者に伝えやすくなります．

3．1人で行う方法

　皆さんがレポートや論文などを書く際には，1人でテーマを考えることが多いことでしょう．これまで紹介したブレインストーミングの方法を用いて1人で行ってみましょう．

　まず，皆さんがレポートや論文などの課題に対して，どのようなことが問題か，どのように話題を展開したいのか等，思いつくままに付箋紙やノートに書き出しましょう．ここでは良いアイディアを出そうと意識せず，思いついたキーワードを自由に書き出し，見えるように書き留めることが大切です．

　次に，書き出したキーワードで関連するものを線でつなぎましょう（マップの作成）．

　仕上がったマップを客観的に眺め，どのような内容を主張したいのかを考え，テーマを絞り込んでいきましょう．また，マップに書き出した内容を他者へ説明して意見をもらうことで新たな気づきがあり，テーマの絞り込みに役立つことでしょう．

　紙に書き出した「マップ」の例を図4−1に示しました．アイディアを思いつくまま書き出し，その関連性を線でつないでいくことでテーマが焦点化してきます．この方法は研究テーマを絞るときにも有効です（玉井他，2019）．

　最初は1人で行うことが難しく思うかもしれませんが，慣れてくれば上手くできるようになりますので，どんどん挑戦していきましょう．

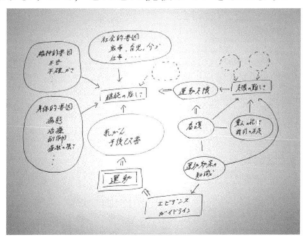

図4−1　紙に書き起こしたマップの例

✎練習問題✎

・あなたが書こうとしているレポートや論文の内容について，マップを作成してみましょう．また，作成したマップを他者に説明をしてみましょう．

文　献

木下是雄（2010）レポートの組み立て方．ちくま芸文庫．

新村出 編（2018）広辞苑（第 7 版）．岩波書店．

佐渡島沙織・吉野亜矢子（2018）これから研究を書く人のためのガイドブック．ひつじ書房．

玉井なおみ・木村安貴・神里みどり（2019）看護師によるがんサバイバーの運動支援の現状と
　関連要因．日本がん看護学会誌，33：65‑76．

ケリー・リットマン：鈴木主税・秀岡尚子訳（2002）発想する会社！世界最高のデザイン・ファー
　ム IDEO に学ぶイノベーションの技法．早川書房．

第5講義

▭異なる意見をあげる▭

✎我田引水にならない✎

　第2講義では，論文とは「ある問題についての，自分の主張をなんらかの調査に基づいて，合理的な仕方で根拠づけようとする，一定の長さの文の集まり」（門脇，1994，p.213）であると述べました．自分の主張につじつまが合う（都合のいい）文献ばかりを集めていては，論文にはなり得ません．レポートとしても，十分ではありません．論文・レポートでは，自分の主張に対する反論を想定し，さらには，相反する主張の展開された文献が存在するかを確認する必要があります．

　これまで皆さんは，小学校，中学校，高等学校の授業において，指定された教科書を中心に学習してきました．教科書という文献に記載されている内容は，絶対的に正しいという認識を持っている人もいるのではないかと思います．しかしながら，教科書も人間が作成したものですから，間違いがあります．また，これまでの学説が覆され，内容が修正されることもあります．

　例えば，私が中学生や高校生時に教科書で教わった日本史の内容は，現在とは異なっています．「いい国つくろう鎌倉幕府」と教わり，鎌倉幕府の成立は1192年とされていました．しかしながら，1192年はあくまで源頼朝が征夷大将軍に任じられた年であり，鎌倉幕府がいつ成立したのかという問いに対しては，段階的に成立したため，断定できないとされています（高橋ほか，2016，pp.60-61）．このように，学校で使用される教科書であっても，内容は修正されていきます．日本史に限らず他の教科書であっても，学問上の進展によってこれまでの定説が覆され，記述される内容が修正されることは今後も続くでしょう．

　また，私は生まれも育ちも京都ですが，これまでに受けてきた学校教育において，戦時中に京都の空襲が少なかった点を学んできました．理由として，神社や寺といった文化財が多い点を教えられてきました．しかしながら，アメリカが文化財を守るために京都への爆撃を回避したという「文化財保護説」は，全くの誤りである点が研究によって明らかになっています（吉田，2002，pp.5-7）．京都は原爆投下の主要目標として，一貫してねらわれ続けていました．これらの点は，京都に住む人々も含めて多くの人々が現在にわたって誤解をしています．

　学校の授業で採用される教科書は，専門的な学識および経験を有すると認め

られる教科書調査官によって調査され，教科用図書検定調査審議会で適切であるか諮問されます（文部科学省，2017）．専門性を有する人達によって，教科書の内容は審査されています．しかしながら，皆さんが容易に入手出来る書籍のすべてが，厳しい審査によって出版されているとも限りません．世の中には，デタラメな内容の書籍が存在します．執筆当初から，デタラメな内容を伝えようとする書き手は稀です．多くの書き手は，間違いを出来る限り避けようとして，執筆を行います．しかしながら，間違ってしまいます．この点は，タレントやスポーツ選手による書籍に限定されるものではなく，学者や研究者も例外ではありません．専門家達は必ずしも，科学や合理に基づいた真実を発言するとは限らず，利害や立場によって発言をするという問題もあります（烏賀陽，2017，p.216）．掛谷は学者がウソをつく動機として，イデオロギー，金銭（利権），同調圧力の 3 つに類型化しています（掛谷，2021，pp.112 - 115）．これらの点は，新型コロナウイルスへの対策に関して，利害や立場によって発言を行う専門家が存在することを，皆さんも確認出来たのではないでしょうか．

　以上の諸点を踏まえると，皆さんはどのようにして，論文・レポートを作成することが重要になってくるでしょうか？答えは，**複数の文献を収集し，読み込むことが肝要になってきます．**自分の主張を一つの文献だけに依拠して作り上げるのは，問題があります．その際に注意すべきは，文献を渉猟さえすれば必ずしも，完成度の高い論文・レポートになるわけではないという点です．複数の文献を収集し，読み込むことは，良い論文・レポートを書く上での必要条件ですが，十分条件ではありません．

　自分の主張に合致，ないし，補強しうる文献のみを収集し，自分の主張に沿わない文献を用いない論文・レポートは，完成度が低いと言えます．論文・レポートの作成にあたっては，自分の主張に合致しない文献も取り上げる必要があります．また，自分が依拠する根拠となる文献の内容に批判を加えている文献も，取り上げる必要があります．この点に関して，歴史研究者である有馬の指摘は参考になります．有馬は，多くの資料があれば都合のいいところだけを集めてどのようなことも書けるのではないかと，人からよく尋ねられるといいます（有馬，2017，p.115）．そのような質問に対して，有馬は次のように回答すると述べています．

　　たしかにできます．ただし，そのためには，多くの都合が悪い事実と資料，つまり反証を無視しなければなりません．したがって，あとでだれかが反証をあげて，間違っていることを証明することになります．だから，歴史研究者はあとで自説を覆されるという不名誉なことがないよう，また捏造といわれて職を失わないよう，**膨大な資料に当たり，そこに反証となるものがないかチェックすることにも時間と労力をかけるのです**（有馬，2017，

p.116)

　もちろん，皆さんは歴史研究者ではありません．歴史研究者のように，研究内容を学会で発表したり，書籍として刊行することを目的とはしていません．しかしながら，卒業論文やレポートの作成にあたっても，歴史研究者と同様の姿勢で臨まなければなりません．

　辞書では反証を「ある主張が偽であることを証明すること」（新村編，2008，p.2318）と説明されています．皆さんも論文やレポートの作成にあたっては，自身の主張が間違っていることを証明されないよう，また，捏造を行わないよう，多くの資料に当たって反証となるものがないかチェックすることに時間と労力をかける必要があります．つまり，**文献の収集にあたっては，我田引水になってはいけません．**この点については，歴史学といった，人文・社会科学の領域に位置する学問分野に限った話ではありません．物理学や生物学といった，自然科学の領域に位置する学問分野においても同様です．自然科学の領域においても，これまでの研究結果について記された文献をチェックします．そして，自分の主張が反証されないよう，実験を繰り返してデータを蓄積していきます．

　次節では，実際に出されるレポート課題を想定して，解説します．

🖋️異なる意見を併記する🖋️

　授業のレポートとして，体罰について論じる課題が出されたと仮定します．そこで皆さんは，体罰の教育的効果に着目して，体罰について論じようとしたと仮定します．

　体罰に教育的効果はないという文献は数多く存在します．『先生，殴らないで！：学校・スポーツの体罰・暴力を考える』という書籍では，元プロ野球選手の桑田真澄や，元高等学校校長の土肥信雄らによって，体罰には教育的効果がないと述べられています（三輪・川口編，2013）．一方で，体罰に教育的効果はあるという文献も存在します．戸塚ヨットスクール校長の戸塚宏は『新潮45』という雑誌の中で，「体罰の復権」というタイトルのもと，体罰には教育的効果があると述べています（戸塚，2000）．また，研究者の田井康雄も，体罰には教育的効果があると主張しています（田井，2015，2016）．

　相反する立場の文献をどちらも扱い，その上で，レポートを書く必要があります．ちなみに私がレポートを書くのであれば，体罰の教育的効果をめぐる問いには，端的に答えることはできないという渡部（2015）の主張に説得性があるとし，論を展開するでしょう．渡部は次のように述べています．

「体罰には教育的メリットがあるか，あるいはデメリットがあるか」という問いに対して，結論からいえば，教育的メリットがあるとも答えることができるし，デメリットがあるとも答えることができる．平たくいえば，体罰の教育的効果のほどについては，場合による（case by case）としか答えようがない．すなわち，体罰の教育的効果は状況依存性がきわめて高い．なぜなら，体罰の教育的効果をめぐる評価は，当の体罰をめぐる状況に大きく依存しているからである…（中略）…教育的効果の観点から学校教育における体罰を表象し，意味づけ，評価し，あるいはその是非を問うことは不毛である．また，現状を混乱させ解決を遅滞させるという意味においては不適切である（渡部，2015，pp.180‐181）

　渡部の主張に私は賛同しますが，さらにレポートの完成度を高めるためには，渡部の研究の以後から現在にわたっての，体罰の教育的効果に関する研究も確認する必要があります．それでは，世の中に存在しているすべての体罰論について取り上げる必要があるかというとそうではありません．インターネット上のブログやツイッターの内容など，すべてを扱う必要はありません．社会的影響力の大きい人によってインターネット上に掲載された内容については，場合によって取り上げる必要はありますが，原則としては，学術論文や書籍を優先してレポートに反映させる必要があります．
　論文・レポートにおいて，どのような問いを設定して，どのような結論を導くかは皆さんに委ねられています．しかしながら，その過程において，文献 A と文献 B で意見が異なっているのであれば，どちらの文献も併記して，論文・レポートを作成することが重要です．

✏️異なる意見を比較検討する✏️

　前節では，意見が異なる文献を併記する重要性について説明しました．しかしながら，どちらの意見が正しいかを考察することは，困難であるケースが少なくありません．どのようにして，異なる意見を比較検討すべきでしょうか？本節では，ある意見の正しさを考察する上で重要になってくる，下記の 3 つの点について解説します．

1．論理に飛躍がないか確認する

　前節の体罰による教育的効果を例として，説明します．

<u>主張❶</u>
1　私は部活動の指導者から体罰を受けた経験がある．

2　なぜ体罰を受けたのかは理解できず，体罰を受けたことが自身にプラスであると感じたことはない．

3　よって，体罰による教育的効果はない．

　1と2の繋がりに，問題はありません．しかしながら，2と3の間には，論理の飛躍があります．なぜなら，体罰を受けた理由を理解し，体罰を受けたことがプラスであったと感じる人が世の中には存在します．体罰を受けたことで精神的に強くなったと感じたり，また，技術が向上したと考える学生が存在する点は，調査によって示されています（全国大学体育連合，2014）．さらには，体罰を受けたことで，指導者の気持ちがわかったと考える学生が存在する点も明らかにされています．このような調査結果は，主張❶に対する反証になります．それでは，調査結果を受けての主張❷はどうでしょうか？

主張❷

1　私は部活動の指導者から体罰を受けた経験がある．

2　なぜ体罰を受けたのかは理解し，体罰を受けたことが自身にプラスであったと感じる．先行研究においても，同様の学生がいることが示されている．

3　よって，体罰による教育的効果はある．

　主張❷においても，2と3の間には，論理の飛躍があります．なぜなら，主張❶にみられるように，体罰を受けた経験が自身にとってプラスではなかったと感じる人は存在します．2012（平成24）年の12月には，大阪市立桜宮高等学校のバスケットボール部主将が，指導者の体罰により命を絶ちました．亡くなった生徒にとって体罰を受けた経験がプラスでなかったことは明らかです．詳細についても文献で示されています（島沢，2014）．

　以上の考察から，体罰の教育的効果をめぐる問いには，端的に答えることはできないという渡部（2015）の主張に説得性が増します．このように論理の飛躍や矛盾がないかを意識して，異なる意見を比較検討することが重要です．

2．専門知識を増やす

　論理の飛躍や矛盾を見抜くには，専門知識も必要になります．もちろん，専門知識がなくても，論理の飛躍や矛盾を見抜くことが出来るケースはあります．以下の主張を確認します．

主張❸

1　AチームはBチームにサッカーの試合で勝利した．

2　BチームはCチームにサッカーの試合で勝利した．

3　ゆえに，AチームはCチームにサッカーの試合で勝利する．

　主張❸はサッカーに対する専門的な知識がなくても，論理の飛躍を指摘することが可能です．Cチームに勝利したBチームにAチームが勝利したという事実によって，AチームがCチームに勝利することが確定されるわけではありません．現実に，CチームがAチームに勝つ事例は存在します．「AチームはCチームにサッカーの試合で勝利する可能性が高い」と述べることは可能でしょう．このように，専門知識がなくても，論理の飛躍や矛盾を見出すケースはありますが，上述の，体罰の教育的効果をめぐる問いに対しては，予備知識がない中で論理の飛躍や矛盾を指摘することは困難であるかもしれません．私は，主張❶と主張❷の論理の飛躍を指摘する上で，全国大学連合による調査や島沢による文献，さらには，渡部による研究を根拠として示しました．文献を調べていなければ，根拠が薄弱になってしまい，私の主張は説得性に欠けるものになるでしょう．このように，論理の飛躍や矛盾を指摘するためには，専門知識を持つことが重要であると言えます．専門知識がなければ，体罰による教育的効果の有無のような，論点の設定自体の誤りに気付かないまま，水掛け論に終始してしまいます．専門知識を持つためには，当然ながら，多くの文献を収集して読み込む必要があります．

3．書き手がどのような立場にあるかを確認する

　多くの文献を収集し，読み込んでいく作業において，皆さんは多くの書き手と出会うことになります．上述のように，皆さんが入手出来る文献のすべてが，厳しく精査されて出版されてはいません．書き手がある特定の立場にいることから，導かれる意見もあります．ここでの立場とは，現状の地位や役職に限定されず，その人が生まれ育った国や地域といったものも含まれます．書き手がどのような立場にあるかで，主張が異なってくる点は理解してもらえると思います．ただし，書き手がどのような立場にあるかで，事実も変わってくると述べられても，疑いを持たれるでしょう．書き手が変わっても事実は一つであると考える人もいるかもしれません．この点について，著名な歴史哲学者であるE・H・カーは次のように述べています．

　　事実はみずから語る，という言い慣わしがあります．もちろん，それは嘘です．事実というのは，歴史家が事実に呼びかけた時にだけ語るものなのです（カー，1962, p.8）

カーはさらに，次のように述べています.

> 歴史上の事実は純粋な形式で存在するものではなく，また，存在し得ないものであります
> から，決して「純粋」に私たちへ現われて来るものではない…（中略）…つまり，<u>歴史家</u>
> <u>が扱っている事実の研究を始めるに先立って，その歴史家を研究せねばならないのです</u>…
> （中略）…<u>歴史家は，自分の好む事実を手に入れようとするもの</u>です. 歴史とは解釈のこ
> とです（カー，1962, pp.27 - 28）

　カーの指摘は，歴史家に限定されません. 皆さんが今後，入手する文献の書き手にも該当します. **つまり書き手は，自分が好む事実を手に入れようとするものです.** このような書き手の好む事実のみを鵜呑みにしてしまえば，異なる意見を比較検討することが困難になります. しかしながら，書き手の立場や思想のすべてを把握しようとすることは現実的ではありません. 書き手がどのような立場であるのかを少し把握するのみでも，その書き手による意見を俯瞰的に見ることが可能になります. カーと同様の指摘を，宇佐美も述べています.

> 実際は，<u>どんな事実を選択して文章化するかを考える段階ですでに価値判断は働いている</u>
> <u>のである.</u> それを見抜く思考が無いから，例えば新聞社によってニュースの書きかたが異
> なるという事実の意味もわからない. ニュースは事実を述べることによって，ある価値判
> 断を読者にのみこませるのだということが，わからないのである（宇佐美，2001, p.130）

　宇佐美が指摘するように，書籍のみならず，新聞社によって取り上げられるニュースであっても，新聞社の方針や価値判断が大きく影響します. 新聞はマス・コミュニケーションのメディアとして情報市場で商品を売ろうとする以上，受け手の欲望を刺激する働きかけを意識的に行っています（小森，2002, p.2）. 以下では，ニュースが新聞社によって異なる例を示しました.

✎練習問題✎

　2 つの新聞社による社説について，比較検討しなさい.

読売新聞　2020 年 10 月 14 日　東京朝刊

［社説］憲法改正　党派を超えて精力的に論じよ

　与野党の新体制発足を機に、国会での憲法論議を活性化させることが大切だ。

各党はそれぞれの見解を示し、積極的に取り組んでほしい。

　自民党が憲法改正推進本部を始動させた。衛藤征士郎元衆院副議長が本部長に就き、党三役や派閥領袖（りょうしゅう）らが顧問に名を連ねた。

　党是である憲法改正に、党を挙げて臨む姿勢を示したのだろう。顔ぶれにふさわしい骨太な議論を進めてもらいたい。

　推進本部は、自衛隊の根拠規定の追加など4項目について、正式な条文案を年末までに策定する方針だ。2018年にまとめた条文案は、議論のための「たたき台素案」という位置づけで、総務会の了承手続きを経ていなかった。

　正式な案として国会に提示することができれば、憲法審査会での議論に弾みがつこう。他党と協議する余地を残しつつ、手続きを前進させるのは妥当な判断だ。

　衛藤氏は起草委員会の初会合で、精力的に議論を進める考えを示した。国会での審査に向けて、条文の解釈なども含め、精緻（せいち）な検討を積み重ねる必要がある。

　焦点は、憲法9条への自衛隊の明記だ。18年のたたき台素案は、現行の9条1項、2項を維持したうえで9条の2を新設し、「自衛隊を保持する」と規定した。

　日本の安全保障を担う自衛隊の存在を、憲法に明確に位置づける意義は大きい。一部に残る自衛隊違憲論の払拭（ふっしょく）につながろう。

　一方、戦力不保持を定める2項を残すことで、自衛隊が「戦力」に当たるのかという不毛な議論は続きかねない。起草委員会はこうした課題も改めて整理し、丁寧に条文化を進めるべきである。

　自民党が新設を提案している緊急事態条項は、大地震など大規模災害を想定したものだ。

　災害だけでなく、テロや武力攻撃、新感染症の流行など、想定外の危機に対処するために、憲法や法律にどのような規定を設けるべきか、欧米諸国などの事例も参考に吟味してはどうか。

　再編された国民民主党も、憲法改正草案を年内にまとめるという。玉木代表は、審査会の開催を拒まないと明言した。憲法論議に慎重な立憲民主党との差別化を図る狙いがあるのだろう。多角的な観点からの提案を期待したい。

　近年、情報技術の発展に伴い、個人情報の活用とプライバシー保護の両立の必要性など、新たな課題も浮上している。時代の変化に即した憲法のあり方について、幅広く議論することが重要だ。

＊＊＊＊＊＊＊＊＊＊＊＊＊＊＊＊＊＊＊＊＊＊＊＊＊＊＊＊＊＊

毎日新聞　2020年11月4日　東京朝刊

［社説］憲法改正の議論　「安倍流」の見直しが先だ

　日本国憲法が公布されてから、きのうで74年となった。

　菅義偉首相の憲法観は見えない。ただ、憲法改正を目指した安倍晋三前政権の継承を掲げている。国会では「憲法審査会で憲法改正の議論を重ね、国民の理解を深めていくことが国会議員の責任ではないか」と語り、議論が活発化することへの期待感を示した。

　しかし、前政権のやり方を踏襲するばかりでは、憲法の議論を深めることは難しいのではないか。

　国の最高法規である憲法の改正は、一般の法改正とは異なる。最終的な判断は国民投票に委ねられている。これを意識し、安倍政権より前の憲法論議は与野党合意を重視して進められてきた。

　ところが、前首相は「改憲ありき」で、野党との対話や合意形成を軽視した。2016年の参院選の結果、「改憲勢力」が発議に必要な3分の2を超える議席を参院でも占めるようになってから、その姿勢は露骨になった。

　翌年の憲法記念日には、自民党内の議論も経ていない憲法9条改正案を唐突に打ち出した。戦力不保持を定めた2項を維持しつつ、自衛隊を明記する案だった。

　これを基に、自民党に改憲4項目をまとめさせた。昨年の参院選では、「憲法を議論する政党を選ぶのか、しない政党を選ぶのか」と野党を挑発した。野党が態度を硬化させたのは当然だ。

　前政権は、歴代政権が認めてこなかった集団的自衛権の行使を、閣議決定により憲法解釈を変更するという強引な手法で容認した。

　憲法を粗雑に扱い、敵と味方を峻別（しゅんべつ）する「安倍流」が、超党派で行うべき憲法論議の停滞を招いたといえる。

　菅首相は、日本学術会議の会員候補6人を任命しなかったことを正当化するため、公務員の選定は国民固有の権利と定めた憲法15条を持ち出した。

　だが、会員の選考や任命の方法は日本学術会議法に規定されている。一般的な理念を記した憲法の条文を個別ケースの論拠にするのは不自然だ。

　乱暴な進め方で憲法論議の土台を壊した前政権の轍（てつ）を踏んではならない。まずは、冷静な議論を重ねて幅広い合意を目指すという憲法論議の原点に立ち返るべきだ。

文　献

有馬哲夫（2017）こうして歴史問題は捏造される．新潮社．

カー：清水幾太郎訳（1962）歴史とは何か．岩波書店．

掛谷英紀（2021）学者の暴走．扶桑社．

小森陽一（2002）社会性としての言語態．石田英敬・小森陽一編　社会の言語態．東京大学出版会，pp.1‐8．

毎日新聞（2020）社説：憲法改正の議論　「安倍流」の見直しが先だ．11月4日朝刊　p.5．

三輪定宣・川口智久編（2013）先生，殴らないで！：学校・スポーツの体罰・暴力を考える．かもがわ出版．

文部科学省（2017）教科書制度の概要．
http://www.mext.go.jp/a_menu/shotou/kyoukasho/gaiyou/04060901.htm，（参照日2018年2月6日）．

島沢優子（2014）桜宮高校バスケット部体罰事件の真実：そして少年は死ぬことに決めた．朝日新聞出版．

新村出編（2008）広辞苑（第6版）．岩波書店．

田井康雄（2015）体罰と訓練（1）その教育学的意義．京都女子大学発達教育学部紀要，11：1-10．

田井康雄（2016）体罰と訓練（2）：成長・発達との関係．京都女子大学発達教育学部紀要，12：11-21．

高橋秀樹・三谷芳幸・村瀬信一（2016）ここまで変わった歴史教科書．吉川弘文館．

戸塚宏（2009）体罰の復権．新潮45，28（7）：67-71．

烏賀陽弘道（2017）フェイクニュースの見分け方．新潮社．

宇佐美寛（2001）宇佐美寛・問題意識集2　国語教育は言語技術教育である．明治図書出版．

渡部芳樹（2015）学校教育における体罰の思想．鈴木麻里子・前田聡・渡部芳樹著　近代公教育の陥穽：「体罰」を読み直す．流通経済大学出版会，pp.141‐197．

読売新聞（2020）（社説）憲法改正　党派を超えて精力的に論じよ．10月14日朝刊　p.3．

吉田守男（2002）日本の古都はなぜ空襲を免れたか．朝日新聞社．

全国大学体育連合（2014）運動部活動等における体罰・暴力に関する調査報告書．
http://daitairen.or.jp/2013/wp-content/uploads/2015/01/f2cb4f9e1c5f5e1021e44042438f44ab.pdf，（参照日2022年12月30日）．

第6講義

📖図書館活用法・資料の探し方・資料検索法📖

　テーマが決まり，いよいよそのテーマについて詳しく調べようとしたとき，皆さんはまずどのように調べていますか．インターネットが普及した現在，ソーシャルメディアを駆使して調べることに慣れているのではないでしょうか．ちょっと待ってください．あなたの調べた情報は，信頼してよいものですか．

　ここで，総務省（2023）が13歳から69歳までの男女を対象に行った調査を紹介します（図6-1）．それによると，インターネットの行為者率は平日休日ともに一貫して増加傾向にあり，今後もインターネットの利用の拡大が予測されています．年代別のインターネットの行為者率は，10代〜50代で平日休日ともに85%を越えており，特に20代は平日97.7%，休日96.8%と全世代で最も高くなっています．行為者平均時間では10代〜30代が平日200分を越え，休日に至っては10代〜20代は300分以上もインターネットを使用していました（表6-1）．

　メディアの利用目的では，インターネットが情報を入手する主な手段でした（図6-2）．特に「仕事や調べものに役立つ情報を得る」目的では，インターネット利用が84.9%と最も多く，書籍は5.8%でありインターネット以外のメディアは1割にも満たない状況でした．年代別でみても10代〜50代で8割以上がインターネットを活用していました（表6-2）．

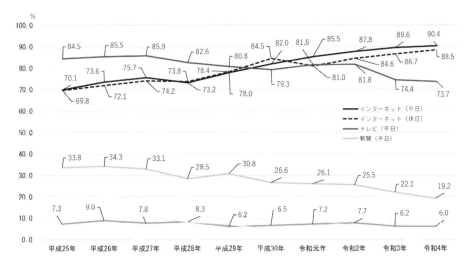

総務省「令和4年度情報通信メディアの利用時間と情報行動に関する調査報告書」p7より引用

図6-1　経年［平均1日］主なメディアの行為者率（全年代）

表6-1　令和4年度　[1日]主なメディアの行為率・行為者平均時間（分）

	全年代	10代	20代	30代	40代	50代	60代
インターネット利用							
平日	90.4%(193.7分)	94.3%(206.8分)	97.7%(271.1分)	95.7%(212.0分)	91.5%(192.4分)	88.8%(161.6分)	78.5%(131.5分)
休日	88.5%(211.7分)	92.9%(307.0分)	96.8%(341.3分)	92.7%(215.7分)	89.0%(176.9分)	85.3%(158.1分)	78.7%(133.9分)
テレビ（リアルタイム）視聴							
平日	7.37%(183.8分)	50.7%(90.7分)	54.4%(134.1分)	67.1%(155.5分)	75.7%(163.9分)	84.0%(191.2分)	92.8%(263.1分)
休日	72.2%(253.3分)	46.4%(149.2分)	48.4%(185.1分)	63.3%(241.0分)	76.5%(249.7分)	85.7%(257.4分)	92.3%(315.7分)
新聞閲読							
平日	19.2%(31.3分)	2.1%(40.0分)	2.8%(13.8分)	4.1%(28.8分)	16.5%(25.1分)	29.6%(26.4分)	46.1%(38.3分)
休日	17.7%(31.3分)	2.1%(45.0分)	2.3%(23.0分)	3.3%(25.0分)	16.3%(28.4分)	24.4%(31.1分)	45.2%(33.1分)
ラジオ聴取							
平日	6.0%(134.1分)	1.8%(42.0分)	2.3%(89.0分)	3.9%(106.6分)	6.3%(86.9分)	8.6%(162.1分)	9.9%(168.2分)
休日	4.1%(133.6分)	2.1%(130.0分)	1.4%(70.0分)	4.1%(169.0分)	2.8%(169.4分)	4.6%(123.6分)	8.5%(119.1分)

単位：%（行為者率）、分（平均時間）

総務省「令和4年度情報通信メディアの利用時間と情報行動に関する調査報告書」p10, 11より引用

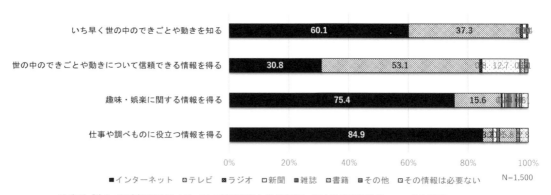

総務省「令和4年度情報通信メディアの利用時間と情報行動に関する調査報告書」p79より引用

図6-2　令和4年度目的別利用メディア（最も利用するメディア）（全年代）

表6-2　令和4年度「仕事や調べものに役立つ情報を得る」ために最も利用するメディア

(%)

年代＼項目	インターネット	テレビ	ラジオ	新聞	雑誌	書籍	その他	その種の情報は必要ない
全年代(N=1,500)	84.9	3.3	0.1	1.3	0.8	5.8	1.0	2.8
10代(N=142)	87.9	0.7	0.0	0.0	0.7	7.1	0.0	3.6
20代(N=213)	90.3	1.8	0.0	0.5	0.5	5.1	0.9	0.9
30代(N=250)	89.0	1.6	0.0	1.2	0.4	4.9	0.4	2.4
40代(N=326)	89.0	1.9	0.9	0.6	0.9	4.4	0.9	2.2
50代(N=287)	84.7	4.6	0.3	1.6	1.0	4.9	0.3	2.6
60代(N=282)	70.6	7.7	0.4	2.9	1.1	9.2	2.9	5.1

総務省「令和4年度情報通信メディアの利用時間と情報行動に関する調査報告書」p83より引用

　インターネットやソーシャルメディアなどの普及により，多くの情報を手軽に入手することができます．あなたは，インターネットやソーシャルメディアなどの情報から信頼できるものを取捨選択できますか．情報が溢れている現代だからこそ，自分が求めている情報がどのようなもので，どのようにしたら効率的に入手できるのか，また入手した情報が信頼性のあるものかを判断する力が求められます．是非，情報リテラシーを獲得して信頼できる情報を入手できるようにしてください．リテラシーとは，「ある分野に関する知識能力」（新村　編. 2018, p.3080）のことです．つまり，情報リテラシーとは自分がどのような情報を求めているかを理解して，その情報を探すことができ，得た情報の内容を評価して，行動するために情報を利用する能力です（藤田，2011）．

　この講義では，文献の種類，資料の検索方法や図書館の活用法，資料の探し方について説明します．

1．図書館活用法

　情報リテラシーを育む場として，最も適しているのが図書館です．図書館には，多くの種類の情報や資料が収集され，保存されています．それらを探すための所蔵目録やデータベースなどのレファレンス資料が豊富にあり，レファレンス資料を調べるためのレファレンスカウンターがあります．さらに専門家である図書館員が皆さんの情報リテラシーが向上するように支援してくれます．レファレンスカウンターを利用することで，多くの情報を比較的短時間に入手できます．図書館を活用し，情報リテラシーを獲得してください．

　資料の探し方に関する図書館の活用法について紹介します．

2．資料の探し方

　まず，図書館で資料を探す方法について説明します（名桜大学附属図書館，2018）．

1）STEP1　調べたいテーマを具体的に設定する

　あなたは，どのような情報を探していますか．どの分野のどのような情報を調べたいか，テーマをある程度明確にしてから文献の収集に取りかかりましょう．テーマに関する概説書や各種の辞典などのレファレンス・ツールを使って確認しておくと良いでしょう．どのように調べたらよいか分からない場合，検索エンジン（インターネット上の情報からキーワードを用いて検索できるシステム）で検索する方法があります．

インターネットの情報が学術的に信頼できるサイトもあれば，そうでないものもあります．インターネットで仕入れた情報については，図書館や雑誌など他の情報源を使って確かめるようにしましょう．「調べたいテーマ」を調べる方法として，学術関係のデータベースについて説明します（表6-3）．

　データベースを利用するには，あなたが調べたいテーマに関して，いくつかの「キーワード」を決めておく必要があります．キーワードは別の表現（類義語・シソーラス）や関連語がないか考えておくと，あなたが調べたい内容を網羅した文献が検索できます．

表6-3　主なデータベース

データベース	特　徴
CiNii Articles* （NII 学術情報ナビゲータ[サイニィ]）	国内の学術論文検索用のデータベース．学会等が発行する学術誌や大学等が刊行する研究紀要を含む，雑誌・記事の検索が可能．一部論文は全文がweb上で閲覧できる．
MAGAZINE PLUS*	国内最大の雑誌の記事・論文情報のオンラインデータベース．1975年以降の学術雑誌の論文に加え，主要な一般雑誌の記事や経済記事，学会誌等の記事が検索できる．
Academic Search Elite* （EBSCO）	社会科学や人文科学をはじめ，幅広い分野を網羅した学際的データベース．2,100誌以上に及び雑誌タイトルは全文の閲覧が可能．
医学中央雑誌**	国内発行の，医学・歯学・薬学・看護学及び関連分野の定期刊行物，延べ約7,500誌から収録した約1,400万件の論文情報を検索することが出来る．

＊　名桜大学附属図書館「情報探索の手引き」より抜粋
＊＊特定非営利活動法人 医学中央雑誌刊行会 HP より抜粋

2）STEP2　設定したテーマについてどのような文献があるのか探す

　あなたが調べたいテーマについて，どのような文献・情報源があるか探していきます．まず，文献とは何か，どのような種類があるのかをみていきましょう．

（1）　文献の種類

　文献の種類について説明します．文献は，大きく「図書」と「雑誌」に分けられます．

① 図書：本または書籍ともよばれるものです．下記のような特徴があります．
　　・　1冊ごとに一つのタイトル（題名）がつけられ，著者も1人または何人かの共著で書かれている

・ 既に定説化されて評価の定まった事柄について記載していることが多い
・ 内容や構成は，タイトルに沿って系統的に述べられることが多い
・ 1冊で完結する
② 雑誌：1冊のなかに内容の違う多くの論文や記事が集められており，タイトル
　　　　や著者も異なります．例えば，看護に関する雑誌であれば，臨床現場
　　　　での新しい情報やケアの工夫，看護研究の成果などの情報が掲載され，
　　　　また最新の情報を早く掲載されます．また，継続して定期的に発行さ
　　　　れます．

(2)　資料の種類

① 一次資料：オリジナルな内容（初めて公開される内容）が記述されたそのも
　　　　の．
　例）書籍，論文，雑誌，新聞　など
② 二次資料：一次文献を検索するための資料．それ自体はオリジナルな内容を
　　　　含まない．
　例）文献目録，索引誌，抄録誌，データベース　など

表6−4　資料の種類

媒　体	特　徴
学術学会や研究会の機関誌	研究論文を掲載していること，査読システムを各学会が整備していることなどから，学術性が高く，掲載論文の評価も高くなる．一方，投稿から掲載までに時間を要することも少なくない．
紀要	機関内の相互査読での掲載審査が多いため，論文としての評価が低くなりがち．年度発行している紀要があれば，早く掲載されるメリットがある．
商業誌	査読の基準が学術誌に比べて緩やかである．月刊などの形で定期刊行されているため，早く掲載されるメリットがある．

　学会誌では，文献の種類によって原著論文や研究報告などがあります．検索
エンジンによっては，会議録や解説が含まれることもあります．あなたが調べ
たい文献の種類が決まっていたら，予め文献の種類を指定しましょう．

(3)　STEP3　必要な文献がどこにあるのか調べる
　いよいよ，あなたが調べた文献がどこで入手できるのか調べる段階です．

まず，学内または，インターネット上で入手できないか調べてみましょう．学術論文もインターネットで，無料で入手できるオープンアクセスの論文が増えてきました．文献がすぐに入手できるかどうかを調べるには，リンクリゾルバ（利用者にとって最適な情報資源への入手方法，経路を示してくれる仕組みのことで，ILL サービス，機関リポジトリなどがある）を使うと便利です．

　図書館，またはインターネットで公開されていない場合は，文献を取り寄せることができます．

（4）　STEP4　文献を入手する

　学内に文献が保管されている場合は，閲覧，複写，貸し出しなどの手続きを行ないましょう．複写や貸し出しについては，各図書館の決まり事を守りましょう．

　探している文献が図書館にない場合は，ILL（Inter Library Loan：図書館間相互賃貸）サービスを利用することができます．

３．資料の検索方法

　最後に，効果的な検索方法を紹介します．

　複数のキーワードを検索する方法として，「AND」「OR」「NOT」といった論理演算子を用い，2 つ以上のキーワードを組み合わせて検索する方法です．複数のキーワードを含んだ情報を抽出できます．

　下記の図に示すように，「AND」「OR」「NOT」を活用して欲しい情報を入手してください．

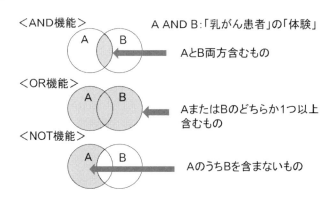

図6−3　論理演算子を用いた検索方法

　情報リテラシーを獲得して，信頼できる情報を入手できるようにしていきましょう．

✏練習問題✏

・あなたが知りたい情報を検索エンジンで調べてみましょう．

文　献

藤田節子（2011）図書館活用術：情報リテラシーを身につけるために（新訂第3版）．日外アソ
　シエーツ．

名桜大学附属図書館（2018）情報探索の手引き．
　https://www.meio-u.ac.jp/library/（参照日 2024 年 1 月 23 日）．

新村出 編（2018）広辞苑（第7版）．岩波書店．

佐渡島沙織・吉野亜矢子（2018）これから研究を書く人のためのガイドブック，ひつじ書房．

総務省（2023）令和4年度情報通信メディアの利用時間と情報行動に関する調査報告書．
　https://www.soumu.go.jp/main_content/000887589.pdf（参照日 2023 年 12 月 21 日）．

特定非営利活動法人 医学中央雑誌刊行会．医中誌 web とは．
　https://www.jamas.or.jp/service/ichu/（参照日 2021 年 10 月 1 日）．

第7講義
📖引用を示す①📖

　レポート・論文を書く上での必要条件の一つに，引用することがあります．引用とは，「自分の説のよりどころとして他の文章や事例または古人の語を引くこと」（新村編，2008，p.225）です．私は今まさに，『広辞苑』から引用しました．なぜ，『広辞苑』を引用したのでしょうか？それは読者の皆さんに信用してもらうためです．皆さんにとって，どこの馬の骨ともわからない私が引用について説明するよりも，有名な辞典である『広辞苑』の説明を紹介した方が納得してもらえるからです．

　ではなぜ，新村さんという編者の名前，2008年という発行年，さらには，引用したページ数まで示したのでしょうか？このように明記することがルールだからです．なぜこのようなルールがあるかというと，私が引用した内容を皆さんが『広辞苑』を使って確認することを可能にするためです．レポート・論文はエッセイや小説ではないため，自分の思いや経験のみを語るものではありません．論文の内容は，他の人が再検証したり，吟味できるものになっていなければなりません（山内，2001，p.156）．<u>引用がルールに基づいて行われることによって，レポート・論文の説得力が増します．</u>

　蛇足ですが，レポートや卒業論文で私が最初にチェックする箇所は，引用と参考文献の記述についてです．なぜなら，ルールに基づいて引用と参考文献リストが表記されることが，重要な評価項目の一つであるからです．それだけでなく，引用と参考文献リストがルールに基づいていないレポートや卒業論文は，内容も乏しいものになっている傾向があるためです．引用の正確さで，発信者（書き手）が事実の正確さにどの程度，注意を払っているかもわかります（烏賀陽，2017，p.219）．

　「神は細部に宿る」という格言がありますが，引用や参考文献リストといった細部に神経が配られていないレポートや論文は，内容の細部についても同様の傾向があります．論文は論理を積み重ねていくため，いい論文を作り上げる必要条件の一つとして，細部にこだわるという点があげられるでしょう．引用や参考文献リストをチェックすることは，当該レポートや論文が細部まで神経が配られているかを評価者が確認する上で，効果的な指標となります．レポート・論文で高い評価を得るためにも，引用や参考文献リストの作法を身につけていきましょう．

✐直接引用と間接引用の違い✐

　引用の仕方は大別して，直接引用と間接引用があります（高橋，2014）．直接引用と間接引用のどちらも，出典（出所である文献）を明示する必要があります．**直接引用は，参考文献に書かれている文章をそのまま抜き書きしたものです．直接引用には二種類あり，①筆者自身の文の中で「」に入れて引用する場合（短い引用）と，②段落を変えてある程度まとまった量の引用を行う場合（ブロック引用）があります．**短い引用は一行から二行程度を引用する場合に用い，引用する文を「」に入れて引用します．以下の文献を短い引用で示してみます．

＊＊＊＊＊＊＊＊＊＊＊＊＊＊＊＊＊＊＊＊＊＊＊＊＊＊＊＊＊＊
屋良健一郎（2015）史料から考える：種子島の歴史を例に．名桜大学編　名桜
　　叢書第2集やんばるに根ざす．名桜大学，pp.272‐283.
（原文）
最後に，繰り返しになりますが，日本史を学ぶ上で大事なのは，暗記ではなく，
史料を探すための活動力，史料から何かを見つける観察力，史料と向き合い続
ける忍耐力だと思います．中学・高校で「日本史は暗記ばかりで苦手だな」と
思った人にも，ぜひ，大学での日本史の学びに触れてほしいと思います．(p.283)
＊＊＊＊＊＊＊＊＊＊＊＊＊＊＊＊＊＊＊＊＊＊＊＊＊＊＊＊＊＊

　　短い引用

　　屋良は「日本史を学ぶ上で大事なのは，暗記ではなく，史料を探すための
活動力，史料から何かを見つける観察力，史料と向き合い続ける忍耐力」（屋
良，2015，p.283）と述べている．

　「」のなかの部分は，原文を一字一句変えることなく引用します．引用した後に，著者名，発行年，引用したページ数を記述します．
　ブロック引用は，引用した部分の前後を1行ずつあけ，それまでの文よりも段を下げて（字下げして）表記します．このようなブロック引用は，引用する分量が3行以上になる場合に用います．以下の文献をブロック引用で示してみます．

＊＊＊＊＊＊＊＊＊＊＊＊＊＊＊＊＊＊＊＊＊＊＊＊＊＊＊＊＊＊
フロム：日高六郎訳（2013）自由からの逃走（第120版）．東京創元社．
（原文）
生理的に条件づけられた要求だけが，人間性の強制的な部分ではない．ほかに
も同じように強制的な部分があり，しかもそれは肉体的過程にではなく，生活
様式と習慣の本質そのものにもとづいている．すなわち，外界と関係を結ぼう
とする要求，孤独を避けようとする要求がそれである．まったくの孤独で，他
から引き離されていると感ずることは，ちょうど肉体的な飢えが死をもたらす
とおなじように，精神的な破滅をもたらす．他人と関係を結ぶというのは，肉
体的な接触をいうのではない．（p.25）
＊＊＊＊＊＊＊＊＊＊＊＊＊＊＊＊＊＊＊＊＊＊＊＊＊＊＊＊＊＊

> ブロック引用①
>
> 　フロムは飢えや渇きといった生理的に条件づけられた要求と同様に，人間
> 性には強制される部分があると考え，次のように述べている．
> 　⇒字下げする　　　　　　　　　（1行あける）
> 　生理的に条件づけられた要求だけが，人間性の強制的な部分ではない．
> 　ほかにも同じように強制的な部分があり，しかもそれは肉体的過程にで
> 　はなく，生活様式と習慣の本質そのものにもとづいている．すなわち，
> 　外界と関係を結ぼうとする要求，孤独を避けようとする要求がそれであ
> 　る．まったくの孤独で，他から引き離されていると感ずることは，ちょ
> 　うど肉体的な飢えが死をもたらすとおなじように，精神的な破滅をもた
> 　らす（フロム，2013，p.25）
> 　　　　　　　　　　　　　　　　（1行あける）
> 　人間性の中には固定された変化しない要素があり，その一つに孤立や精神
> 的な孤独を避けようとするものがあるという．

　ブロック引用した箇所も，原文を一字一句変えることなく引用します．なお，
ブロック引用によってレポートが終わることは適切ではありません．上述のよ
うに，ブロック引用をした直後に解説や補足を行うことによって，レポートを
完結させる必要があります．
　次に間接引用について説明します．間接引用は直接引用とは異なり，自分の
言葉で書き直した（要約した）引用にあたります．以下の文献を間接引用で示
してみます．

＊＊＊＊＊＊＊＊＊＊＊＊＊＊＊＊＊＊＊＊＊＊＊＊＊＊＊＊＊＊＊＊
瀧川裕英（2003）責任の意味と制度．勁草書房．
（原文）
したがって以下では，責任概念を，関与としての責任（関与責任）・負担として
の責任（負担責任）・責務としての責任（責務責任）の三類型で分析する．（p.30）
＊＊＊＊＊＊＊＊＊＊＊＊＊＊＊＊＊＊＊＊＊＊＊＊＊＊＊＊＊＊＊＊

<u>間接引用①</u>

　瀧川は責任概念を，関与責任，負担責任，さらには責務責任の3類型に区
分している（瀧川，2003，p.30）．

　間接引用の場合は，「」を用いないで示します．直接引用と同様に，著者名，
発行年，引用したページ数を記述します．よくある間違いとして，<u>句読点の後</u>
に著者名，発行年，引用したページ数が記述されることがあります．間接引用
の場合は，<u>句読点の前</u>に示すことが正しい形式になります．もしくは，以下の
ように示すことも可能です．

<u>間接引用②</u>

　瀧川（2003）は責任概念を，関与責任，負担責任，さらには責務責任の3
類型に区分している．

　この間接引用は，連続しない複数のページの内容を示したい場合に用います．
間接引用は，1ページの限られた内容だけを示す場合に限らず，文献全体の内容
を要約する場合にも用いられます．
　学問領域によって，直接引用と間接引用を使用する頻度は異なってきます．
短い引用やブロック引用といった直接引用は，人文・社会科学の分野の論文に
おいて使用される機会は多いですが，自然科学の分野においては使用される機
会は少ないと言えます．自然科学の分野では，間接引用のみによって論文が完
結されるケースがほとんどです．しかしながら，人文・社会科学＝直接引用，
自然科学＝間接引用というわけではありません．どちらの分野においても，直
接引用と間接引用を適切に使い分けることが，優れた論文を書く上での一つの
条件になっています．

しかしながら，直接引用と間接引用を適切に使い分けることは難しいかもしれません．原則として，間接引用の表記ではレポート・論文の論証過程に問題が出る場合に，直接引用を用いてください．人文・社会科学の分野では，ある概念がどのように意味づけられるかが研究の目的となります．例えば，「文化とは何か」，「ケアリングとは何か」，さらには「スポーツとは何か」といった研究目的が設定されることもあります．その際に，これまでの研究者がそれぞれの概念をどのように論じてきたかを確認し，引用する必要性が出てきます．概念について論じた研究者の主張は，要約することで意味が変わってしまう可能性があります．このような場合には，直接引用を活用することが求められるでしょう．また，哲学や文学の領域においては，著名な哲学者や作家による主張を解釈することが研究の目的となりえます．このような場合には，哲学者や作家の言葉を一字一句変えることなく引用する必要があります．

　研究のテーマや目的によって，直接引用と間接引用に使い分けることを意識して，レポートや論文を作成しましょう．<u>なお，自分の言葉で要約することが面倒であるために直接引用を用いたり，また，字数を稼ぐためにブロック引用を多く用いているレポートや論文は，評価が低くなることは肝に銘じておいてください</u>．ブロック引用したい箇所が長くなりすぎる場合には，以下の例のように…（中略）…と記述することによって，引用箇所を省略します．

ブロック引用②

　McAleer は国家に対する個人の暴力所有権の観点から，統治組織に対するプレイヤーの暴力所有権について類推し，次のように述べている．

　　攻撃が差し迫ったものである場合には，私は自身の生命を失わないうちに国家からの助けを待つことは出来ない．私が暴力を使用する権限を国家に委譲するという契約は，絶対的なものではない…（中略）…チームは不当な害に対して処罰する権限をルールに委譲するが，もし害が繰り返されるならば，チームは自己防衛のために，暴力を行う権利の返還を要求する可能性がある（McAleer, 2009, p.53）

　将来起こり得る攻撃をやめさせるための報復死球は正当化されると結論づけている．

✎引用の形式を選択する✎

　学問領域や学会によって，引用の形式は異なっています．著者名や発行年を示すなど，共通する点もありますが，異なっている場合もあります．読者の皆さんが卒業論文を書く際には，指導教員の学問分野や所属する学会のルールにならうことになるでしょう．引用の形式は，どれか特定の学問分野や学会によるものが絶対的に正しいというわけではありません．そのため，卒業論文だけでなく，レポートを作成する際も原則として，教員からの指定がない限りは，皆さんが参考にしたい学会によって示された引用の形式にのっとっても構いません．

　しかしながら，例えば卒業論文の 1 章と 2 章で，異なる引用の形式によってレポートや論文を作成するといった手順を踏んではいけません．レポートや論文では，引用だけでなく，他の形式においても統一性があることが重要になります．世間においてもダブルスタンダード（二重基準）は批判される傾向にありますが，レポートや論文においても同様です．レポートや論文を書き始める際には，まず，どの引用の形式を採用するのかを定めましょう．

　本書では，「一般社団法人日本体育・スポーツ・健康学会」という学術団体の機関誌である，「体育学研究」に定められたルールに則り，引用例について示しています．「体育学研究」による引用の形式を採用するのは，私が所属する学会であることもありますが，引用の形式が細部まで定められているためです．また，体育学では，体育哲学や体育社会学といった人文・社会科学の領域と，運動生理学やバイオメカニクスといった自然科学の領域の融合が目指されています．「体育学研究」には，人文・社会科学の方法によって生産された論文だけでなく，自然科学の方法によって生み出された論文もあります．論文はインターネット上で無料公開されており，実際の論文を読んで引用の形式を学んでもらうためにも，本書では「体育学研究」に定められたルールを取り上げます．「体育学研究」に掲載された論文は，以下の URL から入手可能です．

http://taiiku-gakkai.or.jp/kikanshi

文　献

新村出編（2008）広辞苑（第 6 版）．岩波書店．

高橋祥吾（2014）引用の作法について．

　https://home.hiroshima-u.ac.jp/akyah59/20140820_manners_rep.pdf，（参照口 2021 年 8 月 2 日）．

烏賀陽弘道（2017）フェイクニュースの見分け方．新潮社．

山内志朗（2001）ぎりぎり合格への論文マニュアル．平凡社．

第8講義
📖引用を示す②📖

✏ 「体育学研究」の書式にのっとって引用する ✏

1．基礎編

○著者が2名の場合

　著者が2名で和文の場合には，双方の著者名の間に中黒（・），英文の場合には "and" を用いてつなぎます．著者名はフルネームではなく，姓のみを記述します．

　次の文献を引用する場合は下記のようになります．

＊＊＊＊＊＊＊＊＊＊＊＊＊＊＊＊＊＊＊＊＊＊＊＊＊＊＊＊
卯田卓矢・松井圭介（2017）茨城県常総市におけるフィルムコミッション活動
　の展開と特性：民間施設のロケ地提供に着目して．人文地理学研究，37：41-
　62．
＊＊＊＊＊＊＊＊＊＊＊＊＊＊＊＊＊＊＊＊＊＊＊＊＊＊＊＊

> ・卯田・松井（2017）によれば〜
> ・〜と指摘されている（卯田・松井，2017，p.61）．

＊＊＊＊＊＊＊＊＊＊＊＊＊＊＊＊＊＊＊＊＊＊＊＊＊＊＊＊
Mulhall, S. and Swift, A. (1992) Liberals and communitarians. Blackwell.
＊＊＊＊＊＊＊＊＊＊＊＊＊＊＊＊＊＊＊＊＊＊＊＊＊＊＊＊

> ・Mulhall and Swift (1992) によれば〜
> ・〜と指摘されている（Mulhall and Swift，1992，p.40）．

○著者が3名以上の場合

　著者が3名以上の場合にはすべての著者名は記述せず，筆頭著者の姓の後に「ほか」を記述し，英文では "et al." を用います．

　次の文献を引用する場合は次頁のようになります．

＊＊＊＊＊＊＊＊＊＊＊＊＊＊＊＊＊＊＊＊＊＊＊＊＊＊＊＊＊＊＊
鈴木啓子・平上久美子・鬼頭和子（2014）統合失調症患者を対象としたハンド
　マッサージのリラクセーション効果に関する研究．名桜大学総合研究，23：
　53-62.
＊＊＊＊＊＊＊＊＊＊＊＊＊＊＊＊＊＊＊＊＊＊＊＊＊＊＊＊＊＊＊

> ・鈴木ほか（2014）によれば〜
> ・〜と指摘されている（鈴木ほか，2014，p.54）．

＊＊＊＊＊＊＊＊＊＊＊＊＊＊＊＊＊＊＊＊＊＊＊＊＊＊＊＊＊＊＊
Bredemeier, B. J., Shields, D. L., and Horn, J. C. (2003) Values and violence
　in sports today: The moral reasoning athletes use in their games and in
　their lives. In: Boxil, J. (Ed.) Sports ethics: An anthology. Blackwell,
　pp.217-220.
＊＊＊＊＊＊＊＊＊＊＊＊＊＊＊＊＊＊＊＊＊＊＊＊＊＊＊＊＊＊＊

> ・Bredemeier et al. (2003) によれば〜
> ・〜と指摘されている（Bredemeier et al., 2003, p.219）．

○翻訳書を引用する場合

　翻訳書を引用する場合には翻訳者の氏名ではなく，著者名のみを記述します．
その際に，翻訳書に示されたカタカナ表記の姓を記述します．著者名がカタカ
ナ表記をされていない書籍は，アルファベットで表記します．
　次の文献を引用する場合は下記のようになります．

＊＊＊＊＊＊＊＊＊＊＊＊＊＊＊＊＊＊＊＊＊＊＊＊＊＊＊＊＊＊＊
ヨナス：加藤尚武監訳（2010）責任という原理：科学技術文明のための倫理学
　の試み（新装版）．東信堂．
＊＊＊＊＊＊＊＊＊＊＊＊＊＊＊＊＊＊＊＊＊＊＊＊＊＊＊＊＊＊＊

> ・ヨナス（2010）によれば〜
> ・〜と指摘されている（ヨナス，2010，p.20）．

☞インターネット編

　皆さんはこれまでの学校教育の中で，インターネット上の情報の危うさについて，教えられる機会があったのではないでしょうか？出所のわからない，信憑性に乏しい情報がインターネット上には溢れています．意図的に誤った情報を流布させようと考える人達も存在すれば，誤った情報を広げる意図はないにもかかわらず，正しい情報と勘違いをして，結果的に誤った情報を流してしまう人達も存在します．第 5 講義で述べましたが，本においても誤った情報が伝えられることもあります．しかしながら，インターネット上の情報と比較すると，正しい情報が得られる可能性は高いと言えます．なぜなら，出版社から本を出すには出版社から承認を得る必要があり，編集者に読む価値があると判断されなければならないためです（烏賀陽，2017，p.200）．元新聞記者でフリージャーナリストである烏賀陽は，一人で発信するよりチェックする人間が複数いるほうが内容は精査され，この点は紙メディアがインターネットより優れていると指摘します（烏賀陽，2017，p.201）．質の高い情報をレポート・論文に反映させるためにも，ぜひ本を参考にしてください．

　一方でインターネットには，レポート・論文を作成する上で紙媒体の文献では探すことが出来ないような，有益な情報が少なくありません．インターネット上の情報は玉石混交であるため，一律にインターネット上の情報をレポート・論文を作成する上で禁止することは問題が生じます．

　大学でレポートや論文を作成するにあたっては，ウィキペディアを引用することが禁止される傾向にあります．しかしながら，ウィキペディアはレポートや論文を書く上で参考にならないとは言えません．私自身も，論文を作成する上で，ウィキペディアの内容を読むことがあります．ウィキペディアの記事を直接的に引用することは決してありませんが，記事に書かれた参考文献を引用することはあります．ウィキペディアの記事には，参考にされた文献がすべてではありませんが，示されていることがあります．示された文献に直接あたり，レポートや論文に引用することは間違った行為ではありません．ウィキペディアもこのような形で活用し，皆さんのレポート・論文の作成に役立ててもらいたいと思います．

　以上のような前提のもとに，「体育学研究」の書式にのっとって引用する場合について示してみます．

○ホームページやホームページに掲載されている **PDF ファイルを参考文献と する場合**

　（著者名，発行年）または（著者名，online）と表記します．発行年が特定で きない場合に，（著者名，online）と表記します．

　次のホームページを引用する場合は下記のようになります．

＊＊＊＊＊＊＊＊＊＊＊＊＊＊＊＊＊＊＊＊＊＊＊＊＊＊＊＊＊＊＊＊＊
文部科学省（2007）問題行動を起こす児童生徒に対する指導について（通知）．
　http://www.mext.go.jp/a_menu/shotou/seitoshidou/07020609.htm
＊＊＊＊＊＊＊＊＊＊＊＊＊＊＊＊＊＊＊＊＊＊＊＊＊＊＊＊＊＊＊＊

> **文部科学省（2007）の調査では〜**

　書籍や論文を引用する場合と変わらないと言えます．また，以下のホームペ ージで引用する情報の掲載された年が不明な場合には，下記のようになります．

＊＊＊＊＊＊＊＊＊＊＊＊＊＊＊＊＊＊＊＊＊＊＊＊＊＊＊＊＊＊＊＊＊
夕張市．借金時計．https://www.city.yubari.lg.jp/syakintokei/index.html
＊＊＊＊＊＊＊＊＊＊＊＊＊＊＊＊＊＊＊＊＊＊＊＊＊＊＊＊＊＊＊＊

> **〜夕張市民の厳しい生活環境が伝わってくる（夕張市，online）。**

２．応用編

○同一著者の文献が複数ある場合

　研究者は一つのテーマを長年に渡って続けることが常です．そのため，１人の著者が幾年にもわたって，一つのテーマで論文を書き続けることがあります．それら複数の研究成果を引用する場合には，括弧内の発行年をコンマ（,）でつなぎます．次の２つの参考文献を引用する場合は下記のようになります．

＊＊＊＊＊＊＊＊＊＊＊＊＊＊＊＊＊＊＊＊＊＊＊＊＊＊＊＊＊
小番達（1992）延慶本平家物語における鬼界島説話の一考察：熊野信仰関連記
　　事を中心として．語文論叢，20：31‐43.
小番達（2008）『平家物語』に見る「生と死」：平重盛の熊野参詣をめぐって．
　　国文学解釈と鑑賞，73（3）：94-100.
＊＊＊＊＊＊＊＊＊＊＊＊＊＊＊＊＊＊＊＊＊＊＊＊＊＊＊＊＊

> 小番（1992, 2008）によれば～

　また，１人の著者によって，同じ年に複数の論文や書籍が出されることもあります．このような場合には，発行年の後にa，b，c，…をつけて区別します．次の参考文献を引用する場合は次頁のようになります．

＊＊＊＊＊＊＊＊＊＊＊＊＊＊＊＊＊＊＊＊＊＊＊＊＊＊＊＊＊
大峰光博（2016a）野球における暴力の倫理学．晃洋書房.
大峰光博（2016b）運動部活動における生徒の体罰受容の問題性：エーリッヒ・
　　フロムの権威論を手掛かりとして．体育学研究，61（2）：629‐637.
＊＊＊＊＊＊＊＊＊＊＊＊＊＊＊＊＊＊＊＊＊＊＊＊＊＊＊＊＊

> 大峰（2016a, 2016b）によれば～

○講演の内容を引用する場合

　通常，論文を作成する上では，講演の内容を引用することは稀です．そのため，本講義で用いてきた「体育学研究」の書式には，講演についての詳細のルールは存在しません．一方で，授業で課されるレポートについては，講義や講演の内容を引用する必要性が出てきます．

　講演や授業の内容について引用する際には，レポートの末尾に「注」を設けて表記することが適切であると考えられます．「注」は本文，あるいは図表で説明するのが適切ではなく，補足的に説明することが必要な場合に用います．「注」は論文を作成する上でも，非常に重要な役割を果たします．以下に講演の内容について示す場合を示します．

バルセロナ・アトランタオリンピックにおける水泳の日本代表選手であった千葉氏は，水泳に対する思いを述べている[注1]．
注
1）2018年1月19日に，名桜大学の多目的ホールで開講された『大学と人生』による講演内容によるものである．

　なお，講演者は論文や書籍の著者ではないため，氏や敬称を略さないことが望ましいと言えます．

✐1次資料と2次資料✐

　資料には，オリジナルなもの（生の資料）とオリジナルでないもの（他人の手を経た資料）があります（葛生，2007，p.86）．前者を1次資料，後者を2次資料と呼びます．1次資料と2次資料については，以下の原則に沿って用います．

1）可能な限り，1次資料を参照し，使用しなければならない．孫引きは避ける．

　具体的な例をあげて説明します．私はこれまでに，文部科学省によって2007（平成19）年に公表された体罰に関する報告書を引用して，2016（平成28）年に論文を執筆した経験があります．皆さんが体罰に関してレポートや論文を書く必要に迫られ，私の論文を読んだとします．そこで皆さんは，私が引用した文部科学省による報告書の内容を用いて，レポートを書きたくなったと仮定します．しかしながら，皆さんは私の論文から文部科学省による報告書の内容を引用してはいけません．1次資料である文部科学省の報告書を入手・確認して，レポートを書く必要があります．原典である1次資料にあたらず，2次資料である私の論文からレポート・論文を書くことを孫引

きと言います．では，なぜ孫引きを避ける必要があるのでしょうか？

　私はこれまで，2次資料に書かれた内容と1次資料に書かれた内容が異なっていたケースを何度も目の当たりにしました．2次資料で示された語句が1次資料と異なっていたケース，引用されたページ数が違っていたケース，さらには，意味の解釈が異なっていたケースもありました．このような結果に至るのは，いくつか理由が挙げられます．まず，自身の望む論理展開に合致させたいために，意図的に1次資料を捻じ曲げて解釈するケースがあります．また，捻じ曲げて解釈をする意図はないにもかかわらず，その解釈が正しいと勘違いをしてしまうケースもあります．さらには，単純な表記ミスのケースもあります．

　伝言ゲームのように，スタートの情報とゴールの情報が異なることは論文においても起こりえるため，皆さんは可能な限り1次資料を参照して，論文・レポートを作成しましょう．

2）1次資料が参照困難な場合に限り，2次資料を利用する．

　大抵の場合，2次資料に記載された参考文献の情報を頼りにして，1次資料を入手することが可能です．しかしながら，1次資料が入手困難な状況も存在します．例えば，日本には存在せず，ある国の一つの図書館にしか保管されておらず，かつ，持ち出しが禁止されている文献も存在します．時間とお金をかけて，その国の図書館で資料を確認することがベストではありますが，そのような選択が可能な人は多くはないでしょう．このような場合には，2次資料を利用せざるを得ません．2次資料を用いることは絶対的な悪ではありません．しかしながら，2次資料を用いたにもかかわらず，さも1次資料を用いたようにレポート・論文を作成することは絶対的な悪と言えます．1次資料が入手困難であり，2次資料を利用した場合は，レポート・論文にその点について明記するようにしましょう．

3）2次資料において，1次資料に関する解説や批判がなされている箇所については，2次資料を利用する．

　1次資料の内容が，絶対的に正しいとは限りません．1次資料に対しては，様々な研究者によって解説や批判がなされることがあります．それらの解説や批判を確認し，レポート・論文を作成することは必要な作業であると言えます．1次資料に関する評価の客観性を保つうえでも，十分に2次資料にも目を通しておきましょう．

✐発表された論文の引用方法について知る✐

「体育学研究」の論文をダウンロードして，引用の方法について理解を深めましょう．人文学・社会科学，自然科学の論文の双方をダウンロードし，それらの傾向について確認しましょう．

（参考論文）

① 自然科学系論文

大島雄治・藤井範久（2017）最大疾走速度局面における内転筋群および腸腰筋の機能について．体育学研究，62（1）：1‐19.

　https://www.jstage.jst.go.jp/article/jjpehss/62/1/62_16011/_pdf/-char/ja

② 人文・社会科学系論文

竹村瑞穂（2014）競技スポーツにおける身体的エンハンスメントに関する倫理学的研究：より「よい」身体をめぐって．体育学研究，59（1）：53‐66.

　https://www.jstage.jst.go.jp/article/jjpehss/59/1/59_13050/_pdf/-char/ja

✐練習問題 I ✐

１．手持ちの書籍を引用しなさい．

２．大学のホームページにアクセスし，学科・専攻のディプロマ・ポリシー（卒業認定・学位授与方針）を引用して説明しなさい．

文　献

葛生栄二郎（2007）レポート・論文．田代菊雄編　学生・院生のための研究ハンドブック．大学教育出版，pp.83-95.

烏賀陽弘道（2017）フェイクニュースの見分け方．新潮社.

第9講義
📖参考文献リストを示す📖

　第7・8講義では，引用の方法について学びましたが，ルールに基づいて引用が示されただけでは，レポート・論文としては依然として不十分です．引用した文献を，レポート・論文の末尾に，リストとして作成する必要があります．第7・8講義で学んだ「注」の後に，通常は作成します．参考文献リストの作成にあたっても，引用の方法と同様にルールが存在します．ただ，参考文献リストの作成方法については，学問分野や学会によって異なります．以下では第7・8講義と同様に，「体育学研究」の書式にのっとって，参考文献リストの作成方法について説明します．

✏「体育学研究」の書式にのっとって参考文献リストを示す✏

※「体育学研究」の書式は以下の URL からダウンロードが可能です．

https://taiiku-gakkai.or.jp/wp-content/uploads/2020/02/jjpehss_tebiki20200201.pdf

1．書籍（本）

◯1人の著者によって執筆された書籍
　著者，発行年，書名，発行所の順に並べます．書名の主題と副題の区切りには，「：」を用います．書籍の一部のみを引用し，ページ数が特定出来る場合には，ページ数を記述しても誤りではありません．しかしながら，必ずしも記入する必要はありません．以下に例を示します．

瀬木比呂志（2015）リベラルアーツの学び方．ディスカヴァー・トゥエンティワン．

Dickson, P. (2009) The unwritten rules of baseball. Collins.

　英文の文献においては，ファミリーネーム（Dickson）を先に書いて「,」で区切り，その後にファーストネーム（Paul）を略して記述します．

○複数の著者によって執筆された書籍

　著者，発行年，書名，発行所の順に並べます．著者間の区切りには「・」を用います．以下に例を示します．英文の場合には，"and"を用います．

> 広田照幸・伊藤茂樹（2010）教育問題はなぜまちがって語られるのか？：「わかったつもり」からの脱却．日本図書センター．
>
> Jamieson, L. M. and Orr, T. J. (2009) Sport and violence: A critical examination of sport. Elsevier.

○複数の著者によって分担執筆がなされている書籍

　書籍の中には，執筆を行う複数の著者だけでなく，編者も存在することがあります．編者とは書物を編集する人であり，数人の原稿をまとめて1冊の本にした人です（新村編，2008，p.2544）．編者は必ずしも1人ではなく，複数人の編者が存在する書籍もあります．このような書籍は各章などによって著者が異なっているため，参考文献リストの作成にあたっては，自身が引用した箇所のみを記述する必要があります．具体的には，著者，発行年，著者の執筆したタイトル，編者，書名，発行所，著者の執筆したページの順に並べます．英文の場合には，"In:"をつけたあと編者を記します．編者が1人の場合は（Ed.），複数の場合は（Eds.）をつけます．以下に例を示します．

> 宮城敏郎・伊良皆啓・大谷健太郎（2018）やんばるの観光と沖縄国際海洋博覧会のインパクト．大谷健太郎・新垣裕治編　やんばると観光．沖縄タイムス社，pp.28‐42．
>
> Parry, S. J. (1998) Violence and aggression in contemporary sport. In: McNamee, M. J. (Ed.) Ethic and sport. Routledge, pp.205-224.

　これらを引用する際は，編者の名前ではなく，宮城ほか（2018）によれば〜，Parry (1998)　によれば〜というように著者の名前を明記します．

○辞書

　辞書も執筆を行う複数の著者だけでなく，編者が存在します．しかしながら，辞書で説明されている言葉には，著者は記されません．上記では，編者の説明をするために，広辞苑から引用しましたが，編者についてもどの著者によって書かれたかは示されていません．そのため，辞書を参考文献リストに記述する際には，著者名は記述せず，編者，発行年，書名（辞典名），発行所の順に並べます．以下に例を示します．

新村出編（2008）広辞苑（第6版）．岩波書店．
根本道也・恒吉良隆・吉中幸平・成田克史・福元圭太・重竹芳江・有村隆広・
　　新保弼彬・本田義昭・鈴木敦典編（2010）アポロン独和辞典．同学社．

○事典
　事典も執筆を行う複数の著者だけでなく，編者が存在します．ただし，辞書
とは異なり，言葉についての説明を行っている著者が明記されます．事典の場
合には，著者，発行年，著者の執筆したタイトル，編者，書名，発行所，著者
の執筆したページの順に並べます．英文の場合には，"In:"をつけたあと編者名
を記します．編者が1人の場合は（Ed.），複数の場合は（Eds.）をつけます．
以下に例を示します．

稲葉一人（2008）患者の権利．加藤尚武編　応用倫理学事典．丸善, pp.46 -
　　47.
Beauchamp, T. L. (2006) Applied ethics. In: Borchert, D. M. (Ed.)
　　Encyclopedia of philosophy. Thomson Gale, pp.235-240.

○翻訳された書籍
　著者の姓をカタカナ表記し，その後ろに「：」をつけて，翻訳者，発行年，
書名，発行所の順に並べます．以下に例を示します．著者の姓がカタカナ表記
をされていない書籍は，アルファベットで表記します．

ロールズ：川本隆史・福間聡・神島裕子訳（2010）正義論（改訂版）．紀伊
　　國屋．

✐練習問題 I ✐
　次の書籍を,「体育学研究」の書式にのっとって，参考文献として示しなさい．
①　発行日（2012年12月），発行所（双文社出版），著者（小嶋洋輔），主題（遠
　　藤周作論），副題（「救い」の位置）

②　編者（名桜大学），著者（東恩納玲代），分担執筆されたタイトル（身体活
　　動を測る），書籍のタイトル　（名桜叢書第1集　ものごとを多面的にみる），
　　ページ数（pp.191-201）発行年（2014年11月），発行所（出版舎Mugen）

③　主題（これからの「正義」の話をしよう），著者（サンデル），発行年（2010年），副題（いまを生き延びるための哲学），翻訳者（鬼澤忍），発行所（早川書房）

2．学術論文（学会誌，大学紀要）

　著者，発行年，論文のタイトル，雑誌名，巻（号），ページの順に並べます．ページ番号には，p. や pp. は示しません．英文では，論文のタイトルと学術誌の最初の文字だけを大文字にします．インターネット上の"CiNii　Articles"などから検索を行い，ダウンロードが可能な学術論文については，URL は記入しません．学術団体による機関誌（学会誌）や大学・研究所が発行する紀要（研究論文を集めた定期刊行物）をインターネット上から入手したとしても，URL は記入しません．以下に例を示します．

坪井祐司（2016）1930 年代初頭の英領マラヤにおけるマレー人性をめぐる論争：ジャウィ新聞『マジュリス』の分析から．東南アジア　歴史と文化，45：5‐24．

玉井なおみ・神里みどり（2015）乳がん体験者が運動を生活に取り入れていくための運動行動パターン．日本がん看護学会誌，29（3）：40‐50．

Hardman, A., Fox, L., Mclaughlin, D., and Zimmerman, K. (1996) On sportsmanship and 'running up the score': Issues of incompetence and humiliation. Journal of the philosophy of sport, 23: 58-69.

　なお，学会によっては学術論文だけではなく，学会大会において口頭で発表された内容をまとめた要旨をダウンロードすることも可能です．1ページ以内でまとめられていることが多く，学生にとっても手軽に読めることから，レポートで引用されることが少なくありません．しかしながら，口頭発表の要旨は学術論文とは異なり，査読という研究者による厳しい審査がなされることは稀です．そのため，レポートや卒業論文においては口頭発表の要旨ではなく，学会誌や大学紀要に掲載された学術論文を引用するようにしましょう．

✐練習問題Ⅱ✐

次の学術論文を「体育学研究」の書式にのっとって，参考文献として示しなさい．

①　論文のタイトル（中学校教員の性の健康教育に対する意識と課題），発行年（2017 年），ページ数（pp.85‐94），著者（島田友子），（26 巻），雑誌名（名桜大学総合研究）

②　発行年（2014 年），論文のタイトル（非同期カメラを用いたボールの 3 次元軌跡復元法），雑誌名（精密工学会誌），著者（玉城 将・斎藤英雄），（80 巻 12 号），ページ数（pp.1157‐1165）

3．学術論文以外の雑誌

　学術論文と同様に，著者，発行年，論文のタイトル，雑誌名，巻（号），ページの順に並べます．ページ番号には，p. や pp. は示しません．以下に例を示します．

> 青木崇（2005）前半戦ハイライト．Hoop，13（3）：44 - 45.
> 月刊バスケットボール編集部（2000）ファウル・ゲーム成功例．月刊バスケットボール臨時増刊号，28（8）：102 - 104.

4．新聞記事

　新聞社名，発行年，記事のタイトル，発行日，ページ数の順に並べます．朝刊か夕刊が区別されている場合においては，発行日の後に記述します．なお，新聞社によるデータベースから記事を引用した場合には URL を記述する必要はありませんが，ヤフーニュースなどにあげられる新聞社の記事を引用する場合には URL を記述します．以下に例を示します．

> 産経新聞（2015）中１ギャップ解消　小中交流に効果，一貫校へ期待．12月９日　朝刊　p.23.
> 琉球新報（2017）食，睡眠の重要性語る，伊江小で保健講演会．2月26日　朝刊　p.35.
> 日本経済新聞（2017）ロヒンギャ難民キャンプ建設の意向，トルコ大統領．https://www.nikkei.com/article/DGXMZO22545460R21C17A0000000/，（参照日 2017年10月21日）．

5．インターネットの参考文献

　ホームページに掲載されている内容を参考文献とする場合には，「URL が変更される」，「内容が変更される」，「ホームページが閉鎖される」といった問題が生じることがあります．そのため，ホームページ上の資料は，参照時の URL および日付を記します．参考文献リストには，著者名（ホームページの主体），発行年（不明であれば記載しない），WEB ページの題目，URL，参照日を記述します．以下に例を示します．

> 文部科学省（2007）問題行動を起こす児童生徒に対する指導について（通知）. http://www.mext.go.jp/a_menu/shotou/seitoshidou/07020609.htm,（参照日 2020 年 6 月 23 日）.
>
> 電子政府の総合窓口イーガブ. 学校教育法施行規則.
>   https://elaws.e-gov.go.jp/search/elawsSearch/elaws_search/lsg0500/detail?lawId=322M40000080011_20170401_999M40000080011&openerCode=1,（参照日 2020 年 6 月 23 日）.

　また, グーグルやヤフーでキーワード検索を行い, PDF の報告書にあたることが出来た場合には, 当該報告書に記載されている著者名, 発行年（不明であれば記載しない）, 報告書の題目, URL, 参照日を記述します. 著者名や題目が不明な場合には, レポートや論文への引用を行わないようにしましょう.

6．参考文献リスト（表）の作成

　参考文献リストは, レポートや論文の末尾に作成します. 著者名の頭文字のアルファベット順に並べます.「・」,「○」,「●」はつけず, また, 番号もつけない形をとります. 一つの文献が 2 行にわたる場合は, 2 行目を全角で 1 マス空けます.

　本講義で扱った文献を, 参考文献リストとして以下に示します.

文　献

青木崇（2005）前半戦ハイライト. Hoop, 13（3）：44 - 45.

Beauchamp, T. L. (2006) Applied ethics. In Borchert, D. M. (Ed.) Encyclopedia of philosophy. Thomson Gale, pp.235-240.

電子政府の総合窓口イーガブ. 学校教育法施行規則.
　http://law.e-gov.go.jp/htmldata/S22/S22F03501000011.html,（参照日 2013 年 8 月 12）.

Dickson, P. (2009) The unwritten rules of baseball. Collins.

Dixon, N. (2001) Boxing, paternalism and legal moralism. Social theory and practice, 27: 323-345.

月刊バスケットボール編集部（2000）ファウル・ゲーム成功例. 月刊バスケットボール臨時増刊号, 28（8）：102 - 104.

Hardman, A., Fox, L., Mclaughlin, D., and Zimmerman, K. (1996) On sportsmanship and 'running up the score': Issues of incompetence and humiliation. Journal of the philosophy of sport, 23: 58-69.

広田照幸・伊藤茂樹（2010）教育問題はなぜまちがって語られるのか?:「わかったつもり」からの脱却. 日本図書センター.

稲葉一人（2008）患者の権利. 加藤尚武編 応用倫理学事典. 丸善, pp.46‐47.

Jamieson, L. M. and Orr, T. J. (2009) Sport and violence: A critical examination of sport. Elsevier.

小嶋洋輔（2014）安岡章太郎の書き分け戦略:「中間小説誌」との関連を中心に. 語文論叢, 29：37‐48.

宮城敏郎・伊良皆啓・大谷健太郎（2018）やんばるの観光と沖縄国際海洋博覧会のインパクト. 大谷健太郎・新垣裕治編 やんばると観光. 沖縄タイムス社, pp.28‐42.

文部科学省（2007）問題行動を起こす児童生徒に対する指導について（通知）. http://www.mext.go.jp/a_menu/shotou/seitoshidou/07020609.htm,（参照日 2016 年 3 月 25 日）.

根本道也・恒吉良隆・吉中幸平・成田克史・福元圭太・重竹芳江・有村隆広・新保弼彬・本田義昭・鈴木敦典編（2010）アポロン独和辞典. 同学社.

日本経済新聞（2017）ロヒンギャ難民キャンプ建設の意向, トルコ大統領. https://www.nikkei.com/article/DGXMZO22545460R21C17A0000000/,（参照日 2017 年 10 月 21 日）.

Parry, S. J. (1998) Violence and aggression in contemporary sport. In: McNamee, M. J. (Ed.) Ethic and sport. Routledge, pp.205-224.

ロールズ：川本隆史・福間聡・神島裕子訳（2010）正義論（改訂版）. 紀伊國屋.

琉球新報（2017）食, 睡眠の重要性語る, 伊江小で保健講演会. 2 月 26 日 朝刊 p.35.

産経新聞（2015）中1ギャップ解消 小中交流に効果, 一貫校へ期待. 12 月 9 日 朝刊 p.23.

瀬木比呂志（2015）リベラルアーツの学び方. ディスカヴァー・トゥエンティワン.

新村出編（2008）広辞苑（第 6 版）. 岩波書店.

玉井なおみ・神里みどり（2015）乳がん体験者が運動を生活に取り入れていくための運動行動パターン. 日本がん看護学会誌 , 29（3）：40‐50.

　青木崇（2005）のアルファベット表記での頭文字が "A" であるため, 参考文献リストの最初に記述します. 次いで, Beauchamp, T. L. (2006)の頭文字が "B" であるため, その後に続ける形になります.

　漢字を誤読してしまうと, 表記の順序を誤って記述することになります. 著者のアルファベット表記を調べておく必要があります. 正確に調べる方法としては, "CiNii Articles" などで著者検索を行い, アルファベット表記を確認することが出来ます. 第 7・8 講義でも述べましたように, 参考文献リストが正確に示されていないレポート・論文は評価が大きく下がります.

授業でレポートの課題が出される際には，1200字以上といったように文字数が指定される場合があります．参考文献リストが文字数に含まれるか否かについては，ケースバイケースです．当該授業のルールにのっとり，レポートを作成しましょう．

なお，非常にまれなケースですが，読んでいない文献を参考文献リストに書く人がいます．うっかりミスで記載してしまうケースもあれば，より多くの文献を調べたとアピールをするために，虚偽の参考文献リストを作成するケースもあります．後者のケースは採点者や読者を欺いて，高い評価を得ようとする作為があります．スポーツの世界でいうドーピングにあたります．虚偽の参考文献リストの作成は，レポートの得点が 0 になるだけでなく，当該授業の単位を取り消されるべき行為と言えるでしょう．参考文献リストを正確に示すよう，心がけましょう．

第 10 講義

📖剽窃・盗作・盗用をしない📖

🖊️剽窃・盗作・盗用とは？🖊️

　本講義では，レポート・論文を書く上で絶対に行ってはならない，剽窃・盗作・盗用について解説します．剽窃とは，「他人の詩歌・文章などの文句または説をぬすみ取って，自分のものとして発表すること」（新村編，2008，p.2396）にあたります．また，盗作とは「他人の全部または一部を自分のものとして無断で使うこと」（新村編，2008，p.1972）であり，盗用とは「ぬすんで使用すること」（新村編，2008，p.1989）にあたります．文部科学省は，盗用を特定不正行為とし，「他の研究者のアイディア，分析・解析方法，データ，研究結果，論文又は用語を当該研究者の了解又は適切な表示なく流用すること」（文部科学省，2014，p.10）としています．盗用は，論文以外の芸術作品においても横行している不正です（黒木，2016，p.137）．東京 2020 の大会エンブレムが，ベルギーの劇場のロゴマークに類似しているとの指摘を受け，取りやめになったことを記憶している人は多いのではないでしょうか．この騒動ではデザインの盗用は確定されず，疑惑という形で終息しましたが，盗用という行為が許されざる行為であることを，改めて認識する機会となりました．

　研究においては，一番手のみが認められる世界であり，アイディアを盗まれて他の人に先を越されてしまえば，発表する意味はなくなります（黒木，2016，p.138）．第 9 講義では，読んでいない文献を参考文献リストに書くことが，採点者や読者を欺いて高い評価を得ることであり，スポーツのドーピングにあたると述べました．剽窃も同様であり，他のアイディアを自身のオリジナリティーであるように示し，採点者や読者を欺いて高い評価を得ることは，ドーピングと言えるでしょう．

　私はこれまで，身近にいた研究者が，剽窃に手を染めていたケースを発見した経験があります．残念な事態ではありますが，現在の日本は，世界的に有名な研究不正の国として位置づけられています．がん細胞の研究者である黒木登志夫は，次のように述べています．

　　わが国は，いつの間にか，研究不正大国になってしまった．これまで，科学者は研究不正を深刻にとらえず，政府も科学コミュニティも積極的に対策を立ててこなかったことが，2000年以来急速に不正が増えてきた理由の一つである．そして，わが国の研究不正は，2014 年

にピークを迎えた…（中略）…STAP 細胞事件の影は，今でも，われわれ研究者の心に，重くのしかかっている．しかし，われわれは，2014 年の不幸な経験を共有し，不正のもつ重大な意味を再認識し，立ち上がろうとしている．その意味で，STAP 細胞事件の主役 HO は反面教師として偉大な存在であった（黒木，2016，p.289）

　STAP 細胞に関する一連の騒動は，私も大きく影響を受けた事件でした．私は2013（平成 25）年に所属する大学院に博士論文を提出し，2014（平成 26）年に認められました．私が所属していたのは，研究科は違えど，STAP 細胞の主役となった人物が博士論文を提出した大学院でした．周囲からは私の博士論文へも疑惑の目が向けられました．研究不正は 1 人が罰を受けて終わるものではなく，周囲の人々も巻き込んでいきます．
　論文の撤回数を調査しているリトラクション・ウォッチ（Retraction Watch）では，研究不正の多い研究者が公表されています（Retraction Watch, online）．以下に撤回論文数の多い研究者 15 名を示しました．

表 10−1　リトラクション・ウォッチによる研究不正ワースト 15

順位	研究者	撤回論文数
1	Joachim Boldt	194
2	**Yoshitaka Fujii**	172
3	**Hironobu Ueshima**	124
4	**Yoshihiro Sato**	113
5	Ali Nazari	100
6	**Jun Iwamoto**	88
7	Diederik Stapel	58
8	**Yuhji Saitoh**	56
9	Adrian Maxim	48
10	A Salar Elahi	44
11	Chen-Yuan (Peter) Chen	43
12	Fazlul Sarkar	41
12	Shahaboddin Shamshirband	41
12	Hua Zhong	41
15	**Shigeaki Kato**	40

　2023（令和 5）年 11 月の地点でワースト 15 の中に，6 名の日本人が入っています．本書の第 2 版を刊行した際には，ワースト 15 の中に日本人が 5 名入っていることを示しましたが，この数年でさらに 1 名増える結果となりました．

これは，2021（令和 3）年 5 月に公表された，大規模研究不正の結果によるものです（昭和大学，2021）．調査された 147 編の論文のうち，117 編の論文にデータの捏造や改ざんがあったと判断されました．

　このような状況に陥ったのは多様な原因がありますが，一つに，日本では剽窃に代表されるような，研究不正に関する教育が十分ではないという点があげられます．高等教育だけでなく，初等中等教育においても十分ではないと考えられます．朝日新聞の「声」の欄では，アメリカンスクールで学んだ中学生による，盗作に関する考えについて紹介されています．

> 僕は小学校 3 年生から 3 年間，中東カタールのアメリカンスクールで学んだ．そこでは，リポート提出の際，参考にした本やインターネットといった出典を書くことが求められた．タイトル，著者，本の場合は刊行日，サイトなら最終更新日など．参考文献を書かないと高評価を得られず，場合によっては未提出とみなされた．当然だが，コピー・アンド・ペースト（コピペ）は盗作につながるため，やってはいけないと指導された．6 年生の秋に日本に帰ってきたら，図書館で本を読み，情報を調べても，参考文献を書くように先生から言われなかった．コピペについての指導もなかった．僕は日本でも参考文献を書くように指導したほうがいいと思う．盗作防止の意識を持てるし，小学生のうちから参考文献を書くようにすれば，それが習慣になる．参考にした文献の著者を尊重することにもつながると思う（朝日新聞，2014）

　全く同感です．日本の小学校・中学校・高等学校においては，試験の不正行為（カンニング）に対して厳しい罰が加えられます．先生達も日頃から，カンニングは卑怯な行為であり，絶対に行ってはいけないと指導します．しかしながら，上述の中学生が指摘するように，盗作や出典の明記については，ほとんど指導されないのが現状でしょう．

　「うっかり剽窃」の事例もありますが，他のアイディアをコピペして自身のオリジナリティーであるように示し，採点者や読者を欺いて高い評価を得る行為は，カンニングと同様の問題性を孕んでいます．**授業で課されたレポートに剽窃が発見された場合には，当該授業の単位は認められず，また，他の授業の単位が取り消されることもあります．卒業論文において剽窃が発見された場合には，卒業は認められない**ことを肝に銘じてもらいたいと思います．

✐剽窃・盗作・盗用に対する法的根拠・罰則✐

　日本には著作権法があり，第 1 章第 1 条において以下のような目的が示されています．

この法律は，著作物並びに実演，レコード，放送及び有線放送に関し著作者の権利及びこれに隣接する権利を定め，これらの文化的所産の公正な利用に留意しつつ，著作者等の権利の保護を図り，もつて文化の発展に寄与することを目的とする（電子政府の総合窓口イーガブ，online）

　科学者が取り扱う論文，書籍中の文章・図・表・写真・イラスト，講演，新聞記事，雑誌記事もすべて著作物になります（日本学術振興会「科学の健全な発展のために」編集委員会編，2015，p.72）．第 32 条では，公表された著作物は引用して利用することが可能であり，引用は，「公正な慣行に合致するものであり，かつ，報道，批評，研究その他の引用の目的上正当な範囲内で行なわれるものでなければならない」（電子政府の総合窓口イーガブ，online）と述べられています．
　日本学術振興会は，判例などを踏まえると，下記の要件を満たせば著作権者の了解を得ずに引用してもよいと指摘しています（日本学術振興会「科学の健全な発展のために」編集委員会編，2015，p.73）．
① 引用する著作物がすでに公表されたものであること（ウェブ上の公開なども含む）
② 引用する必然性があること（自説の補強などのために他人の著作物を使用するなど）
③ 引用にあたる部分を明確に示してあること（引用部分を括弧で括ったり，書体を変えるなど，自分の著作物ではないことを明示する）
④ 引用する著作物を許可なく改変しないこと
⑤ 自分の著作物が主たる部分で，引用部分は従たるものであること
⑥ 出典を明記すること

　これらの要件を満たさずに他の著作物を利用した場合，著作権違反になるだけでなく，研究不正行為として盗用とみなされることがあります（日本学術振興会「科学の健全な発展のために」編集委員会編，2015，p.73）．著作権法の 119 条では，著作権もしくは著作権を侵害する行為とみなされる行為を行った者は，10 年以下の懲役もしくは 1000 万円以下の罰金に処すことが明記されています（電子政府の総合窓口イーガブ，online）．

✎練習問題✎

　以下の参考文献の内容を確認し，下記のレポートに引用・参考文献リストを正しく記しなさい．

参考文献①

磯部浩（1970）沖縄の体育とスポーツ．茨城大学教養部紀要，2：103－125.

　　「沖縄におけるスポーツは，陸上競技・野球・剣道など明治時代から行なわ
　　れているものからサッカー・ハンドボール・ボクシングのように終戦後は
　　じめて行なわれるようになったものまで多様であるが，いずれも学校を中
　　心に発展してきた．そのため，一般社会のスポーツを振興させる必要を感
　　じ，スポーツ愛好者の熱意と努力によって，大正13年4月に沖縄体育協会
　　が設立され当間重剛氏が会長に選ばれた．」（p.117）

　　「戦前体育協会や学校体育関係者の努力によって本土の水準に近づきつつあ
　　ったが，今次大戦により沖縄の体育・スポーツ界は…（中略）…優秀な指
　　導者を失いスポーツ施設と用具は戦火に焼かれ沖縄の体育，スポーツ界は
　　まったく無から立ち上がらなければならなかった．」（p.118）

　　「測定用の巻尺は全島に2〜3個しかなかったのでインチ尺をメートルに換算
　　して使用した．コース用の石灰もなかったので，米軍から浄水用のカルキを
　　もらって代用したり，採石の石粉を使用したこともあった．1949年（昭和
　　24）年，第1回米琉親善陸上競技大会には，スタート用の紙弾がなかった
　　ので米軍のピストルで実弾を空に向けてうち出発合図とした．市町村の競技
　　会には，鍋，ヤカン，洗面器，鎌，毛布，洋服地などの生活用品を主催者が
　　苦労して集めて賞品としたので住民達は商品目あてに参加し，非常に盛会で
　　あった．終戦直後は優勝旗もなかったので，テント布に画家や美術教師がペ
　　ンキで書いて作った．終戦直後はスポーツ用品はもちろん，スポーツ図書や
　　新聞も本土から輸入できない状態で，沖縄スポーツはまつたく本土から隔離
　　されていた．1949年（昭和24）年から貿易庁を通じて本土から物資を輸入
　　できるようになり，はじめて捧高用ポール，円盤，槍，庭球用具，卓球用具，
　　柔道衣などを手にすることができた．」（p.118）

　　「終戦直後の沖縄は，すべての面で本土と切りはなされて交流がなかったが，
　　スポーツは他にくらべ比較的早く交流が実現した．即ち福島県を中心に行
　　なわれた第7回国民体育大会（昭和27年）に陸上競技の12名の選手が万
　　難を排して参加し，本土復帰の夢を果たすことができた．それ以後毎年国
　　体に出場し参加種目も人員も増加していった．」（p.119）

参考文献②

**近藤剛（2013）『うるま新報』にみる戦後沖縄の体育・スポーツ関連記事につい
　　て．大熊廣明監修　真田久・新井博・榊原浩晃・李燦雨編　体育・スポーツ史
　　にみる戦前と戦後．道和書院，pp.68‐84.**

　　「運動会は各学校とも熱を入れて取り組んでいたようである．運動用具が満

足に揃わない中，競技の中心は徒競走やリレーなどの陸上競技や，各種体操であった．運動会はこれらの運動の完成度を内外にアピールする成果発表の場であり，慢性的に不足していた体育関連予算を寄付により少しでも補おうとする目的もあった.」（p.72）

「戦後の間もない時期は娯楽となるものも少なく，運動会は地域のレクリエーション行事としても機能した．地域住民の飛び入り参加はもちろんのこと，時には米軍関係者も参加することがあった．

1946年11月12日に行われた前原高校での運動会には，米軍将校と他地区からの参加者を含む一万人を超える観衆が詰めかけ，大いに賑った様子が記事になっており，800mリレーには来賓の米軍将兵も参加し，『軍民融和の和やかな』雰囲気が描かれている．戦後は，米軍関係者と沖縄住民との間で様々な交流が進められたが，学校の運動会もそうした場の一つとして存在していた様子がうかがえる.」（p.72）

「米軍の使い古した用具を譲り受ける学校はあったが，児童・生徒数に見合うだけの数を望むには無理があった.」（p.74）

レポート

　沖縄におけるスポーツは，陸上競技・野球など明治時代から行なわれている
ものから，サッカー・ハンドボール・ボクシングのように，終戦後，行なわれ
るようになったものもある．先の大戦により，沖縄の体育・スポーツ界は優秀
な指導者を失っただけでなく，スポーツ施設と用具は戦火に焼かれ，沖縄の体
育・スポーツ界は無から立ち上がらなければならなかった．運動用具が揃わな
い中，競技の中心は徒競走やリレーなどの陸上競技や各種体操であった．

　戦後間もない時期は娯楽となるものが少なく，運動会が地域のレクリエーシ
ョン行事として機能した．地域住民の飛び入り参加や，時には，米軍関係者が
参加することもあった．戦後は，米軍関係者と沖縄住民との間で様々な交流が
進められたが，学校の運動会も交流の場の一つとして存在した．米軍の使い古
した用具を譲り受ける学校もあったが，児童・生徒数に見合うだけの数を望め
なかった．測定用の巻尺は全島に2～3個しかなく，コース用の石灰もなかった
ため，米軍から浄水用のカルキを調達したり，採石の石粉を使用したこともあ
った．1949（昭和24）年の第1回米琉親善陸上競技大会では，スタート用の紙
弾がなかったため，米軍のピストルで実弾を空に向けて撃ち，出発合図とした．
市町村の競技会では，鍋，ヤカン，洗面器，鎌，毛布，洋服地などの生活用品
を主催者が集め，賞品とされた．優勝旗もなかったため，テント布に画家や美
術教師がペンキで書いて作られた．終戦直後はスポーツ用品だけでなく，スポ
ーツ図書や新聞も本土から輸入できない状況であった．1949（昭和24）年から
物資を輸入できるようになり，はじめて捧高用ポール，円盤，槍，庭球用具，
卓球用具，柔道衣を入手出来るようになった．

　終戦直後の沖縄は，本土と切り離されていた中，スポーツは比較的早くに交
流が実現した．福島県を中心に行なわれた第7回国民体育大会（昭和27年）で
は，陸上競技の12名の選手が参加した．それ以後，毎年国体に出場することに
なり，参加種目も人員も増加した．

文　献

近藤剛（2013）『うるま新報』にみる戦後沖縄の体育・スポーツ関連記事について．大熊廣明監
　　修　真田久・新井博・榊原浩晃・李燦雨編　体育・スポーツ史にみる戦前と戦後．道和書院，
　　pp.68‐84.

　うっかりして，引用や参考文献を示し忘れた場合においても，剽窃には違い
ありません．細かな点まで神経を配り，レポートを作成しましょう．

＊＊＊＊＊＊＊＊＊＊＊＊＊＊＊＊＊＊＊＊＊＊＊＊＊＊＊＊＊＊

ゴーストオーサーと論文捏造の闇（補論）

　影響力の大きい6つの医学雑誌に掲載された論文や総説などを対象に，ゴーストオーサーに関するアンケート調査が，2008（平成20）年に実施されました（Wislar et al., 2011）．ゴーストオーサーとは，著者としての資格がありながら，著者として記入されていない場合を意味します（日本学術振興会「科学の健全な発展のために」編集委員会編，2015, p.68）．ゴーストライターとしての役割を担っているゴーストオーサーも存在します．Wislar らによる調査では，回答のあった622本の論文のうち，49本の論文でゴーストオーサーの存在が明らかになりました（7.9％）．1996（平成8）年に実施された同様の調査では，11.5％の割合でゴーストオーサーが確認されていました．これらの結果については，調査が自己申告であることから，実際よりも低く見積もられている点が指摘されており（ゴールドエイカー，2015, pp.354-355），ゴーストオーサーの闇は深いと言えます．

　イギリスの医師であるゴールドエイカーは，学術雑誌全体が一つの製薬会社の完全な所有物になっているケースもあると指摘しています（ゴールドエイカー，2015, p.9）．企業の社員が素性を明かさず極秘裡に論文を企画，執筆しているだけでなく，製薬会社に雇われたプロのライターによって書かれた論文もあると言います．これらの論文は，独立性と科学的厳密さを保証するために，データ収集や草稿にまったくかかわっていない学者が論文の筆頭著者になるケースもあります（ゴールドエイカー，2015, pp.352-353）．

　また，微生物学者である Bik らが2016（平成28）年に発表した研究では，40の科学雑誌に掲載された医学系論文20,621本において，3.8％の782本の論文において不適切に複製された画像があったと明らかにしました（Bik et al., 2016）．この研究では，1995（平成7）年から2014（平成26）年の間に発表された論文が対象とされており，25本に1本の割合で問題が確認される結果になりました．その半数以上が意図的な操作であると示唆されました．不適切な画像複製を含む論文は中国とインドからの発信が多く，米国・英国・ドイツ・日本・オーストラリアからは低い結果となりました．Bik はこれまで，2,000本の不正論文を発見していますが，それらの論文はすべて出版済みの論文であり，既に複数の科学者が査読を行い，編集者によってチェックされたものです（Rajagopalan, 2019）．見落としている不正が多くある可能性を Bik は認めています．

　アカデミックな世界に馴染みがなければ，学術論文にはパーフェクトな理論や真理が示されていると誤解される方もいるでしょう．しかしながら，特定の

団体や個人の利害に一致する内容だけが示され，時にデータの改ざんや捏造といったことも起こり得る点は，知っておいていただきたいと思います．
＊＊＊＊＊＊＊＊＊＊＊＊＊＊＊＊＊＊＊＊＊＊＊＊＊＊＊＊＊＊＊

文　献

朝日新聞（2014）（声）若い世代　小学生から参考文献記そう．5 月 26 日　朝刊　p.6.

Bik, M. E., Casadevall, A., Fang, C. F.　（2016）The Prevalence of inappropriate image duplication in biomedical research publications. American Society for Microbiology, 7 (3) .

電子政府の総合窓ロイーガブ．著作権法．
　　http://elaws.e-gov.go.jp/search/elawsSearch/elaws_search/lsg0500/detail?lawId=345AC0000000048&openerCode=1#AG，（参照日 2018 年 5 月 9 日）.

ゴールドエイカー：忠平美幸・増子久美訳（2015）悪の製薬: 製薬業界と新薬開発がわたしたちにしていること．青弓社.

黒木登志夫（2016）研究不正．中央公論新社.

文部科学省（2014）研究活動における不正行為への対応等に関するガイドライン．
　　http://www.mext.go.jp/b_menu/houdou/26/08/__icsFiles/afieldfile/2014/08/26/1351568_02_1.pdf，（参照日 2018 年 4 月 21 日）.

日本学術振興会「科学の健全な発展のために」編集委員会編（2015）科学の健全な発展のために : 誠実な科学者の心得.

大峰光博（2017）戦後の沖縄スポーツ．奥本正・大峰光博編　やんばるとスポーツ．沖縄タイムス，pp.6 - 8.

Rajagopalan, J. (2019) 業界オピニオン・研究倫理.
　　https://www.editage.jp/insights/i-found-about-2000-problematic-papers-says-dr-elisabeth-bik，（参照日 2023 年 5 月 8 日）.

Retraction Watch.　The Retraction Watch Leaderboard.
　　https://retractionwatch.com/the-retraction-watch-leaderboard/，（参照日 2023 年 11 月 24 日）.

新村出編（2008）広辞苑（第 6 版）．岩波書店.

昭和大学（2021）昭和大学における研究活動の不正行為に関する調査結果概要.
　　https://www.showa-u.ac.jp/news/albums/abm.php?d=3059&f=abm00027815.pdf&n=%E8%AA%BF%E6%9F%BB%E7%B5%90%E6%9E%9C%E6%A6%82%E8%A6%81.pdf，（参照日 2021 年 7 月 22 日）.

Wislar, S. J., Flannagin, A., Fontanarosa, B. P., and Deangelis, D. C. (2011) Honorary and ghost authorship in high impact biomedical journals: a cross sectional survey. British medical journal, 343: 6128.

第 11 講義
📖レポート・論文の組み立て方①📖

　本講義と第 12 講義は，戸田山和久による『新版　論文の教室：レポートから卒論まで』に依拠して執筆されています．さらに高いレベルでのレポート・論文を目指す際には，ぜひ『新版　論文の教室：レポートから卒論まで』を一読することをお勧めします．

✏️論文における 3 つの柱✏️

　論文には，以下の 3 つの柱があります（戸田山，2012，p.43）．
① 与えられた問い，あるいは自分で立てた問いに対して，
② 一つの明確な答えを主張し，
③ その主張を論理的に裏づけるための事実的・理論的な根拠を提示して主張を論証する．

　以上が，戸田山による論文の定義です（戸田山，2012，p.43）．問い・答え・論拠以外のことは書いてはいけません．課題を選んだ経緯，自分がその意見をもつに至った事情，思い出話やエピソード，お世辞といったものは，論文には書いてはいけません．以下に，論文の冒頭で問いを設定する上での悪い見本を示します．

　（悪い例）
　筆者は幼少の頃から，サッカーに打ち込んできた．しかしながら，指導者に恵まれず，サッカーの技能は飛躍的には向上しなかった．中学校と高等学校の部活動では，サッカーの素人の先生が顧問であり，部員に満足な指導はなされなかった．以上の事から，部活動において，良い指導者から部員が指導を受けることを可能にする政策について論じる．

　自身の個人的な経験は，記述しません．もちろん，問いを見つける上で，個人の問題意識は非常に重要です．問題意識を持たずに問いを立てることは可能ですが，興味のない問いに対して答えを導くための事実的・理論的な根拠を提示する作業は，苦痛しかありません．レポート・論文の問いを立てる上で個人の経験は重要ですが，その点について記述する必要はありません．

　それでは，具体的にどのような方法によって，問いをたてることが有効でしょうか？まず，文献を読むことが必須になりますが，漠然と文献を読んでいるだけでは問いを立てることは出来ません．レポート・論文で問いを立てるという意識を持って，文献を読むという姿勢が求められます．戸田山は文献を読む上で，以下の 4 つの箇所を探しだしてチェックすることが重要だと指摘しています（戸田山，2012，pp.65‐66）．

「目から鱗」の箇所（メウロコ）

「激しく同意」の箇所（ハゲドウ）

「納得いかない」箇所（ナツイカ）

「激しく反発」の箇所（ハゲパツ）

　これら 4 つの箇所のうちから一つを選択し，論文のメインとなる問いに絞り込んで練り上げていくことが効果的であり，このような作業を戸田山は「問いの定式化」と呼称しています（戸田山，2012，p.67）．私は以上の 4 つの箇所に加えて，「度肝を抜かれた」箇所（ドギヌカ）も一つの選択肢とすることが効果的であると考えます．もちろん，これらの方法がすべてではなく，他の方法によって問いをたてることも可能です．

　レポート・論文において，どのような問いを立てるかは皆さんに委ねられます．例えば，これまでに私は論文において，以下のような問いを立ててきました（大峰，2013，2015，2016）．

① メジャーリーグにおいて，対戦チームから故意死球を受けたチームにおけるピッチャーは，報復死球に対して，どのような責任を負っているのか．
② トラッシュトーク（プレイヤー間における言葉の攻撃）に対して耐えうる能力は，競技上の卓越性の一つとして包含されるのか．
③ 運動部活動における生徒は，どのようなメカニズムから，体罰を受容・肯定するのか．

　一方で，以上のような問いを立てることが必ずしも，皆さんにとって良いと

は限りません．良い問いであるか否かは，個人の力量や関心によって異なってくるためです．私が以上のような問いを立てたのは，野球における報復死球，スポーツの試合におけるトラッシュトーク，さらには，運動部活動における体罰に対して，強い関心を持っていたためです．そして，このような問いに対して明確な主張を行い，論理的に裏づけるための事実的・理論的な根拠を提示出来たのは，専門分野における方法論を用いる力量を持っていたためです．良い問いを立てられるかはケースバイケースであるため，本講義において，絶対的に正しい問いを示すことは出来ません．

　しかしながら，大天才を除く大学生にとって，「ダメな問い」を示すことは出来ます．戸田山はダメな卒業論文を生み出す，以下の問いを例として示しています（戸田山，2012，pp.69‐71）．

---

① 一生かかっても答えの出ないような大きすぎる問題

「近代とはどのような時代か」
「私とは何か」

② 手がかりも研究方法もおそらくないような問題

「現代若者文化の特徴は何か」
「日本語の起源」

③ そもそも答えがないだろう問題

「電子ネットワーク社会においてよりよい人間関係を
築くにはどうすべきか」

④ 1年の執筆期間じゃ無理な問題

「現代教育の問題点をいかに克服するか」
「戦後サブカルチャーの展開」

　「ダメな問い」になる傾向の一つとして，問題が大きすぎる点があげられます．上述の「近代」，「私」，「現代若者文化」，「現代教育」は射程が非常に大きいです．絶対的に良い問いであると言い切れませんが，上述の私の論文における問いは，「近代」，「私」といった問題より，射程が小さいと言えます．良いレポート・論文を書くためには，論ずる対象を限定し，問いを小さくすることが

効果的です．小さく絞り込んだ問題は，どんどん深めることが出来，深まっていくと，逆に拡がりも出てきます（戸田山，2012，p.69）．卒業論文の出来は，問題を絞ることが出来たかで 99%は決まります（戸田山，2012，p.71）．山内も，論文の課題が具体的で限定されていればいるほど，論文を書くことは容易であり，論文を書く準備は整っていると述べています（山内，2001，p.32）．

　そもそもレポート・論文のタイトルは，研究の対象と方法に加えて，どのような問いを立てたのかを読者に伝える内容であることが必要です．問いを小さくして，レポート・論文を作成するよう心掛けましょう．

✎練習問題✎

　以下の卒業論文のタイトルから，問題のある「問い」について検討しなさい．（グループディスカッション）（山内，2001，pp.36‐38）

1. 現在の学校教育の現状と課題に関する考察

2. 農村女性の自立に向けて

3. 犯罪をめぐる言説にみられる権力作用の検討

4. 堕落について

5. アメリカで夢を掴んだ日本人

✎論証の重要性✎

　論文の評価のほとんどは，論証が正しくなされるかによって決まります（戸田山，2012，p.43）．主張を支えるだけの論拠が示されているかが重要になります．戸田山は次のように述べています．

> 論文は自分の考えを書くものだ　ただし，自分の考えを普遍化されたものとして書く．つまり，これこれの証拠をふまえて，こんなふうに理詰めで考えていったら，キミも，あなたも，みんな私と同じ考えに立るはずだ，という「普遍化された考え」を提示するのが論文だ（戸田山，2012，p.43）

　「普遍化された考え」を提示するための論証について，戸田山は以下の点を

述べています（戸田山，2012，p.94）．

① 論拠に何らかの調査結果を用いたなら，その調査の方法，調査の結果として得られたデータ，データの分析方法，分析結果の解釈などを説明する．
② 論拠に他の人の研究成果や論文を使ったなら，引用，その人の見解の要約，その人の見解の妥当性の検討，さらにその検討のための論拠などを示す．
③ 他の人の研究結果や論文を批判することで自分の見解の正しさを主張したいなら，引用，その人の見解の要約，その見解の批判，さらにそのための論拠などを示す．
④ 自分の見解と他の人の見解との比較をする．
⑤ これまでの研究の流れの中に自分の主張を位置づける．

①については，実験・アンケート・インタビューといった方法が想定されますが，研究倫理の問題も含めて，大学 1 年生の段階で行うことは困難であるでしょう．卒業論文の作成の際に，各ゼミや指導教員から学ぶ必要があります．大学 1 年生には，第 7・8 講義でもふれたように，②がまず求められます．その上で④の作業も行い，③や⑤まで辿り着くことを目標とするのが良いでしょう．これらの点に関して，小笠原は次のように述べています．

> 論文は人のふんどしを借りて相撲をとり，そのあとそれでまたふんどしを作るようなものである．ふんどしは借りた人に返さない．多少自分のふんどしに作り直して，次の人にわたす．次の人は，それをまた作り直して次の人にわたす．こうして社会は，動いていく．**論文は，人の書いた論文を参考にして，それを批判・論評して自分の主張をつくらなくてはならない．人の論文を読んだら，少しでもよいので批判・論評する．** それが先人への『礼儀』である（小笠原，2009，p.178）

また，小笠原の述べる批判は批難ではなく，相手の理屈や考え方を吟味し，その弱点や問題点，反対によい点を明らかにする行為です（小笠原，2009，p.179）．
皆さんはこれまでの人生において，勉強や試験といったケースに限らず，生活のあらゆる場面で多くの発見や思いつきがあったでしょう．しかしながら，それらの多くは，既に他の誰かが考え，書籍や論文を通して世に出ています．現在の世界の人口は 70 億人を越え，なくなった人達を含めるとさらに多くの人々が世に誕生し，あらゆる事を考えついています．そのような中，自分だけしか考えついていない，独創的な考えというものはほとんどありません．本当に独創的な考えを導き出すためには，先人達による知見を学び，その上に積み重ねることです．先人達の知見を学ぶには，書籍や論文を読むことが重要です．

文　献

小笠原喜康（2009）新版　大学生のためのレポート・論文術．講談社．

大峰光博（2013）野球における報復死球の是非について：責任概念からの検討をとおして．体育学研究，58（2）：473‐482.

大峰光博（2015）サッカーの試合におけるトラッシュトークの倫理．体育学研究，60（2）：489-495.

大峰光博（2016）運動部活動における生徒の体罰受容の問題性：エーリッヒ・フロムの権威論を手掛かりとして．体育学研究，61（2）：629‐637.

新村出編（2008）広辞苑（第6版）．岩波書店．

戸田山和久（2012）新版　論文の教室：レポートから卒論まで．NHK出版．

山内志朗（2001）ぎりぎり合格への論文マニュアル．平凡社．

第 12 講義
📖レポート・論文の組み立て方②📖

本講義は第 11 講義に引き続き，戸田山和久による『新版　論文の教室：レポートから卒論まで』に依拠して，レポート・論文の組み立て方について解説します．

✏3 つの柱の並べ方✏

問い，主張，論証の 3 つの柱をどのように並べて論文を構成するかに決まりはありません（戸田山，2012，p.95）．戸田山は，自分の論証のやりやすさに応じて，以下の 3 パターンから選ぶことを推奨しています（戸田山，2012，pp.95 - 96）．

パターン A：「こう思う，なぜなら」型

（いきなり問題に答え，それが正しいことを確かめるというパターン）
問題提起（問い）→結論（主張）→論証
- 問いにすぐ答えを与え，読者を宙ぶらりんにすることなく，論文がどこに向かっているのか示す．
- 初心者向きのパターン．
- このパターンでの結論は，仮説と呼ばれるものに該当する．

パターン B：「いろいろ考えたらこんなんなりました」型

（これこれかどうか調べてみようと問いを立て，データを集めて分析した結果，こういうことがわかりましたと答えるパターン）
問題提起（問い）→論証→結論（主張）
- 実験や調査の報告はこの形になることが多い．

パターン C：「そーじゃなくて，こーでしょ」型

（問題を提起しておいて，まず，これまでに提案された答えをやっつけて，自分の答えに優越性を示すパターン）

問題提起（問い）→論証のうち「先行研究の批判」→結論（主張）→論証
・ホットな議論の対象となっている問題には，たいていすでにいくつかの解答の試みがあるため，「先行研究の批判的検討」が含まれることになる．

　大学 1 年生の皆さんがレポートを作成する際には，戸田山が推奨するように，パターン A が向いていると言えるでしょう．レポートは論文と比べて，文量も限られているため，パターン B とパターン C を伴うのは困難であるケースが多いです．パターン B とパターン C を卒業論文で行うためにも，まずは，パターン A でレポートを作成出来るようにすることが重要です．パターン A の完成は，仮説をいかに設定するかに関わってきます．

　ここでの仮設は，宇宙が加速膨張しているといった，自然科学のこれまでの定説を覆したような仮説ではなく，書き手が前提にする基本論点というほどのものです（鷲田，1999，p.93）．鷲田は資料の収集，資料の取捨選択，中心論点の抽出，論の展開の確定といった作業を進めていくと，程度の差こそあれ，それらが頭の中でははっきりと自覚されない働きによって，導かれると指摘します（鷲田，1999，p.94）．それはカン・見立てであり，学術的にいえば仮説にあたり，資料の解読を経て集約された，論文の全体像，中心内容，結論を示す基本集が仮説であると鷲田は述べます．このような意味における仮説は，論文を始めるにあたってのみ設定されるものではなく，「終わり」も想定される必要があります（鷲田，1999，p.101）．**鷲田は，「終わり」は実際に着地してみると，ずいぶん違ったものになり，それが当たり前**だと指摘します．はじめに想定した通りの「終わり」になるのは，むしろ例外的であると述べます．鷲田は次のようにも述べています．

> 論文の論旨展開を考えるにせよ，実際の執筆にせよ，とりあえずは「はじめ」なければならない．どんな場合でも，「はじめ」るためには，いちおうの目安（standard）が必要だ．少なくとも，標識（目印 landmark）ぐらいは立てなければ，途中で迷った際に，戻る道を失ってしまう．…（中略）…**標識を立てながら進んだとしても，目的地に到達できない場合がある．その場合は，後戻りして，最初から標識を立て直していけばよい**（鷲田，1999，p.97）

　つまり，論文を書くスタートの段階において，仮説を設定したとしても，その後の資料の収集といった作業によって，論文の全体像や中心内容は変わってきます．その際に，最初の標識であった仮説を修止して，また新しい仮説を提示する必要性を鷲田は述べています．このような点から鷲田は戸田山同様に，**仮説は結論である**と指摘しています（鷲田，1999，p.100）．ただ，仮説を結論

とする考えは，実際に論文を書いていないと理解しにくいと思います．そのため，大学1年生の皆さんには，この点は頭の片隅に残しておくだけで十分です．

　皆さんがより注意すべき点は，**論文を書くスタートの段階において提示した仮説をその後の資料収集によって修正した場合に，序論と結論がずれてしまう**ことです．レポートや論文においては，**調べる背景や目的について示した序論と結論はずれてはいけません．その意味で，序論を最後に書くという視点も重要です．**この点について山内は次のように述べています．

> 論文の最初は，最後に書くところだ．最後を見極めないと，最初のところは書けるはずもない．**初心者は最初から順番に書いていくようだが，仕上げるときに十分に見直す必要がある．**最後に書かれるのが論文の最初のところだとすると，論文の最初を読めば，論文全体もある程度見当がつく．最後の仕上げにない「書き出し」というものもあるが，そういうのはすぐ分かるし，完成度も見当がつくのだ．（山内，2001，p.135）

序論と結論がずれることのないよう，心がけましょう．

✏️誤用しやすい表現に注意する✏️

　3つの柱を上手く構成出来たとしても，レポートや論文に誤用した表現が用いられていれば，評価は下がります．以下の練習問題Ⅰと練習問題Ⅱに取り組み，誤用しやすい表現について学びましょう．

✏️練習問題Ⅰ✏️

以下の新聞の記事における誤用の箇所を指摘し，修正しなさい．

1. 　大坂城の築城工事は，天正13年4月に5層の大天守が竣工（しゅんこう）し，ひと段落する．
　　朝日新聞（2016）（匠の美）「豊臣大坂城の石垣」　地下の謎の正体は．2016年2月6日　朝刊　p.19.

2. 　劇場観光目的ではなく，中身（芝居）で観客をどれだけ引き留められるか，正念場の時期に入った．
　　産経新聞（2014）「回顧　平成26年」伝統芸能　歌舞伎に頼もしい若手の奮闘．2014年12月14日　朝刊　p.11.

3．　北北海道大会前に小野寺大樹監督から「いつになったら変わるんだ」
　　　と一喝され「欠点を自覚した」．ピンチでも笑顔を心がけ，守備陣に
　　　目配せできるエースに成長した．
　　　　毎日新聞（2017）第 99 回全国高校野球：両エース，熱投の夏．2017
　　　年 8 月 14 日　朝刊　p.23．

4．　夜間の睡眠不足から体調をこわす人もふえている．
　　　　読売新聞（1991）雲仙岳噴火　島原市の住民不安，疲労限界に　農
　　　家多く移転にも難問（解説）．1991 年 6 月 25 日　朝刊　p.13．

5．　木材不況と天然秋田杉が減少するなかで，家業の製材業も例外にもれ
　　　ず低迷していた一九六七年，学生時代に学んだ墨絵やデザインを木工
　　　製品に役立てられないかと考え，編み出したのが秋田杉の木肌のぬく
　　　もりを生かした創作木工芸品だった．
　　　　朝日新聞（2000）木肌のぬくもり社　飾り扇子に透かし彫り（ビジ
　　　ネス秋田）．2000 年 1 月 12 日　朝刊　p.26．

✎練習問題Ⅱ✎

以下の例文の誤用箇所について指摘し，修正しなさい．
※今道（2018）から出題した．

1．　コンプライアンスを遵守すべきだ．

2．　健康保険制度を維持していくため，医療費の抑制が必ず必要だ．

3．　大地震の被害をシュミレーションする．

4．　看護師として患者さんに暖かい言葉をかけていきたい．

5． 公共の建物の安全性を追及すべきだ．

文　献

国広哲弥（2010）新編日本語誤用・慣用小辞典．講談社．

今道琢也（2018）「高齢化社会」と「超高齢社会」の違い，知ってますか？．
　http://diamond.jp/articles/-/159326，（参照日 2018 年 3 月 11 日）．

戸田山和久（2012）新版　論文の教室：レポートから卒論まで．NHK 出版．

鷲田小弥太（1999）入門・論文の書きかた．PHP 研究所．

山内志朗（2001）ぎりぎり合格への論文マニュアル．平凡社．

第 13 講義

📖図表の使用と作成方法📖

　レポートでは根拠資料を図や表で示すことは，文章だけのレポートより分かりやすくなり，説得力が増します．図や表を使用するときも型（ルール）があります．図表を使用する際は，本文内で必ず言及しましょう．本文では図表を使用することを予告してから引用し，解説をします。何も説明せずに図表だけを示すことがないようにしましょう。

1）図か表の選択

　　図を用いた方が良い場合：傾向，差を示したい場合
　　（例）歩数の推移を男女別に比較したい．

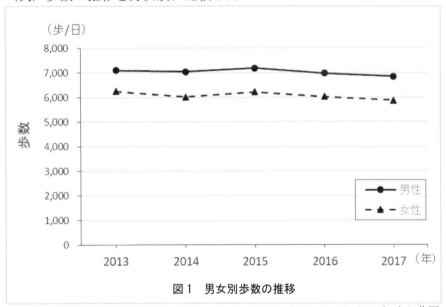

図1　男女別歩数の推移

厚生労働省（Online1, Online2, Online3, Online4, Online5）より作図

　　表を用いた方が良い場合：数値が特に重要で比較したい場合
　　（例）年齢階級別にみた歩数を男女で比較したい．

表 1　年齢階級別歩数の男女比較

年齢階級	男性		女性	
	n	平均値±標準偏差	n	平均値±標準偏差
20-29 歳	194	7,904±4,814	180	6,711±3,579
30-39 歳	290	7,884±5,038	300	6,543±3,646
40-49 歳	432	7,662±4,531	487	6,856±3,590
50-59 歳	367	7,670±4,403	458	6,857±3,710
60-69 歳	540	6,744±4,196	602	5,841±3,265
70 歳以上	680	5,219±3,728	850	4,368±3,327

厚生労働省（Online5）より作成

2）図表の引用

　　公表されているデータを使用して図表を作成したり，図表を引用したり
した場合は上記の図1・表1のように必ず出所・出典を明記します．
・　　公表されているデータなどを使用して図表を作成した場合
　　　（例）○○○（年）より作成（作図）
・　　図表を引用した場合
　　　（例）出典：○○○（年）
・　　引用した図表を修正した場合
　　　（例）○○○（年）による図（表）を一部改変

3）図の作成方法

　　図は，表計算ソフトやプレゼンテーションソフトを使用して作成します
（グラフ作成専用のソフトもありますが，高価です）．ここでは，表計算ソ
フトのエクセルで図を作成する方法について説明します．エクセルで作成し
た図も手を加えなければ，レポートや卒業研究論文で使用できる図とはなり
ません．綺麗でわかりやすい図を作成する習慣を今のうちから身につけてお
きましょう．また，図表には必ず番号（図1，図2などの通し番号）を示し
ましょう．

(1) 基本的なルール
図を作成するうえでの基本的なルールは，以下の様になります．
・　　タイトルは図の下

- ・ 図の説明はタイトルの次の行に示す
- ・ 軸のタイトル，単位を示す
- ・ 縦軸の数値はできるだけ省略しない
- ・ 3D 表示はしない
- ・ 印刷が白黒の場合は，違いがわかるように塗りつぶしや線，マーカーの種類を変更する

(2) 図の選択

　データを図で表す場合，何を示したいのか，何を強調したいのかを考え，最も適した図を選択します．エクセルで作成できる主なグラフは以下の通りです（Excel ヘルプを一部改変）．エクセルでは，2 種類以上のグラフを組み合わせて，複合グラフを作成することも可能です．

- ・ **縦棒**：縦棒グラフでは，通常，横（項目）軸に沿って項目が表示され，縦（数値）軸に沿って数値が表示されます．量を比較したいときに使用します．

  - ➤ 集合縦棒グラフ：複数の項目を比較して表示する場合
    （例）男女別に年齢階級別の歩数を比較したい場合

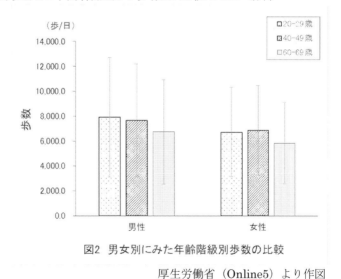

図2　男女別にみた年齢階級別歩数の比較

厚生労働省（Online5）より作図

> 積み上げ縦棒グラフ：データ系列が複数あり，かつそれらの総計を強
> 　　　　　　調したい場合

（例）地域別に調味料の摂取状況を比較したい場合

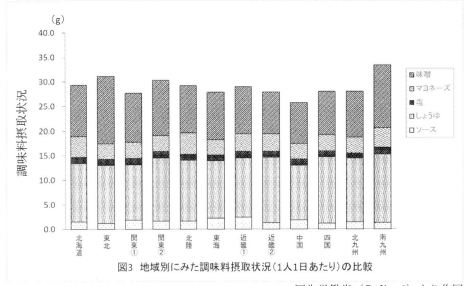

図3　地域別にみた調味料摂取状況（1人1日あたり）の比較

厚生労働省（Online6）より作図

> 100％積み上げ縦棒グラフ：データ系列が2つ以上あり，かつ全体に
> 　　　　　　　　対する各要素の寄与度を強調したい場合
> 　　　　　　　　（とくに各項目の合計値が同じ場合）

（例）世帯年収別にバランスの良い食事（主食・主催・副菜を組み合わ
　　　せて食べている）の頻度を比較したい場合

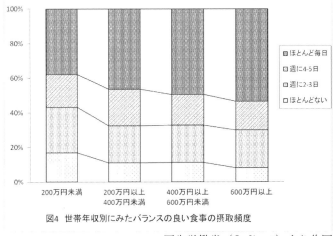

図4　世帯年収別にみたバランスの良い食事の摂取頻度

厚生労働省（Online7）より作図

- **折れ線**：折れ線グラフでは，項目データが横軸に沿って，数値データが縦軸に沿って等間隔に配置されます．時間的な変化を同じ間隔で表示したいときに使用します．

  ➢ 折れ線グラフとマーカー付き線：個々のデータ値を示したい場合（値が多い場合は，マーカーなしを使用）
  （例）ある1週間の体重変化を示したい場合

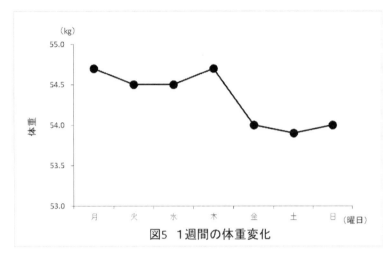

図5　1週間の体重変化

- **円**：円グラフでは，各項目が全項目の総和に対する比率に応じたサイズで表示されます．割合を比較したときに使用します．

  ➢ 円グラフ：合計に対する各値の割合を示したい場合
  （例）15歳以上女性の肥満度（Body mass index：BMI）別割合を示したい場合

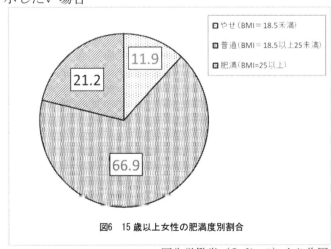

図6　15歳以上女性の肥満度別割合

厚生労働省（Online5）より作図

> 補助円グラフ付き，補助縦棒グラフ付き：項目の一部を詳細に示したい場合
> （例）15 歳以上女性の肥満度（BMI）別割合を示し，肥満の詳細を示したい場合（補助円グラフ付き）

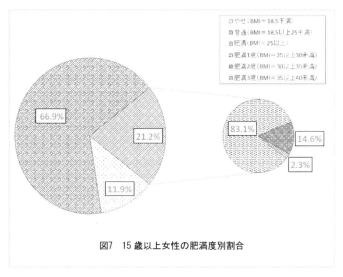

凡例：
やせ（BMI = 18.5 未満）
普通（BMI = 18.5 以上25 未満）
肥満（BMI = 25 以上）
肥満1度（BMI = 25 以上30 未満）
肥満2度（BMI = 30 以上35 未満）
肥満3度（BMI = 35 以上40 未満）

66.9%　21.2%　11.9%　83.1%　14.6%　2.3%

図7　15 歳以上女性の肥満度別割合

厚生労働省（Online5）より作図

・ 横棒：横棒グラフでは通常，項目が縦軸に表示され，数値が横軸に表示されます．縦棒グラフと同様に量を比較したいときに使用します．軸ラベルが長い時や表示する値が期間である場合は横棒グラフの使用を検討しましょう．横棒グラフには，集合横棒グラフ，積み上げ横棒グラフ，100％積み上げ横棒グラフがあります．（縦棒を参考にしてください．）

・ 散布図：散布図では，横（x）軸と縦（y）軸の2 つの数値軸が使われます．散布図は通常，データを表示あるいは比較，2 つの関係を見たい場合に使用します．
（例）中国，四国，九州・沖縄地方の年間平均気温と塩分摂取状況の関係を見たい場合

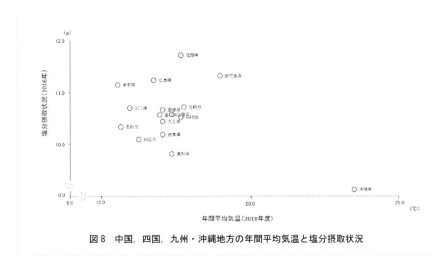

図8　中国，四国，九州・沖縄地方の年間平均気温と塩分摂取状況

厚生労働省（Online8），総務省（Online）より作図

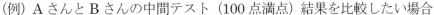

・　**レーダーチャート**：レーダーチャートは，複数の項目の集計値を比較したいときに使用します.

（例）AさんとBさんの中間テスト（100点満点）結果を比較したい場合

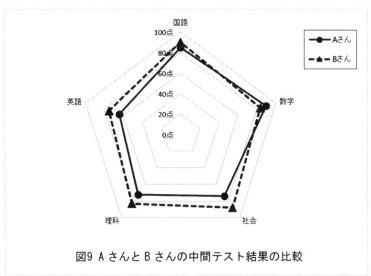

図9 AさんとBさんの中間テスト結果の比較

※時間的な変化をみたい場合，折れ線グラフと散布図の両方から作成できます.
しかし，折れ線グラフと散布図では，下記の点が異なります.
・　折れ線グラフのx軸は，期間が一定でなくても同じ間隔で並んでしまいます.
・　散布図のx軸は，数値である必要があります.（折れ線グラフは文字でも構いません.）

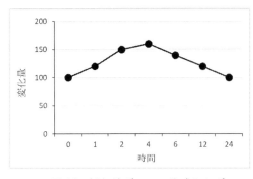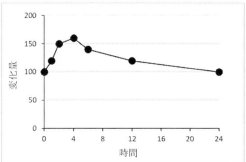

図10　折れ線グラフで作成したグラフ（左）と散布図で作成したグラフ（右）

✐練習問題 I ✐

1．名護市の月別の平均気温と降水量を図に示すときに最も適切なグラフは何か．表2から図を作成してみましょう．

表2　名護市の月別の気温と降水量（統計期間：1981～2010）

	1月	2月	3月	4月	5月	6月	7月	8月	9月	10月	11月	12月	年
最高気温（℃）	19.3	19.5	21.3	23.9	26.5	29.2	31.8	31.6	30.5	27.8	24.4	21.0	25.6
平均気温（℃）	16.3	16.5	18.4	21.0	23.5	26.7	28.8	28.6	27.3	24.8	21.4	18.0	22.6
最低気温（℃）	13.5	13.5	15.5	17.9	20.8	24.6	26.5	26.2	24.8	22.3	18.8	15.1	20.0
降水量（mm）	111.4	126.3	153.1	171.5	222.4	244.1	151.3	248.2	220.9	150.7	122.9	96.2	2018.9

国土交通省（Online）より作成

2．エネルギー消費量の内訳を図に示すときに最も適切な図は何か．図を作成してみましょう．

　　　　　エネルギー消費量の内訳
　　　　　基礎代謝量：60%，食事誘発性熱産生：10%，身体活動量：30%

3．朝食摂取の有無により算数のテスト結果を比較したい場合に最も適切な図は何か．図を作成してみましょう．
　　　　　朝食摂取群の算数のテストの平均点　　　　85点（標準偏差：7）
　　　　　朝食非摂取群の算数のテストの平均点　　　70点（標準偏差：15）

4．1週間の運動時間と算数のテスト結果との関係を示すときに最も適切な図は何か．表3から図を作成してみましょう．

表 3　1 週間の運動時間と算数のテスト結果との関係

対象者	1 週間の運動時間 （時間）	算数のテスト結果 （点）
A	2	50
B	14	80
C	5	60
D	10	70
E	7	65
F	14	78
G	3	55
H	1	45
I	10	65

5．体力テストの結果から各運動種目を標準得点化し，個人の運動能力の優劣を比較したい場合に最も適切な図は何か．図を作成してみましょう．

　　　　長座体前屈：5 点　　　立ち幅跳び：9 点　　　20m シャトルラン：2 点
　　　　反復横跳び：6 点　　　握力：8 点　　　　　　上体起こし：5 点

6．ある内閣の支持率を男女別に示すときに最も適切な図は何か．図を作成してみましょう．
　　男性：支持する 53.1%　　支持しない 22.5%　　どちらでもない 24.4%
　　女性：支持する 38.6%　　支持しない 26.9%　　どちらでもない 34.4%

4）表の作成方法

　　表は，表計算ソフトで作成した後レポート内にコピーする方法と，文章作成ソフトの表機能を用いて作成する方法があります．ただし，表計算ソフトや文章作成ソフトの表機能をそのまま使用すると，縦線が入ってしまうので加工して使用します．

（1）基本的なルール
表を作成するうえでの基本的なルールは，以下の様になります．
・　　表のタイトルは上
・　　表の縦線は原則入れない

- 表の説明は下
- 小数点以下の桁数は揃える
- 数値の後ろには，単位は入れない
- できるだけ比較したい項目を横に並べる

(2) 表をエクセルで作成する場合
  ① タイトルや数値をセルに入力
  ② 横罫線などを追加
  ③ 表全体をコピーし，ワードに貼り付け：オプションでリンク（元の書式を保持）を選択すると加工が簡便に行えます．

表4　20歳代のBody mass index（BMI）の男女比較

	男性（n＝164）	女性（n＝157）
BMI（kg/m²）	23.1±3.9	20.6±3.3

値は平均値±標準偏差　　　　　　　　　厚生労働省（Online5）より引用

(3) 表をワードで作成する場合（表機能を使用する場合）
  ① 挿入＞表のタブから，2行×3列の表を作る．

  ② 表を選択し，デザイン＞罫線タブから縦線を削除する．
  （消しゴムで罫線を削除すると，列が削除されるので注意）

  ③ 必要な項目を入力する．

	男性（n＝164）	女性（n＝157）
BMI（kg/m²）	23.1±3.9	20.6±3.3

  ④ タイトルと説明を入力する．

表4　20歳代のBody mass index（BMI）の男女比較

	男性（n＝164）	女性（n＝157）
BMI（kg/m²）	23.1±3.9	20.6±3.3

値は平均値±標準偏差　　　　　　　　　厚生労働省（Online5）より引用

⑤　体裁を整える（文字揃え，行の高さなど）．

表4　20歳代の Body mass index（BMI）の男女比較

	男性（n＝164）	女性（n＝157）
BMI（kg/m^2）	23.1±3.9	20.6±3.3

値は平均値±標準偏差　　　　　　　　　　厚生労働省（Online5）より引用

（4）表をワードで作成する場合（タブと罫線を使用する場合）

　　タブを使用すると，右揃え，中央揃えだけでなく小数点揃えもできます．

①　必要な項目を入力する．
　　男性（n＝164）女性（n＝157）
　　BMI（kg/m^2）23.1±3.920.6±3.3

②　列を作成したい合間にタブを設置する（Tab キーを押す）．
　　[Tab]男性（n＝164）[Tab]女性（n＝157）
　　BMI（kg/m^2）[Tab]23.1±3.9[Tab]20.6±3.3

③　ホーム＞段落＞罫線タブから罫線を引く．

	男性（n＝164）	女性（n＝157）
BMI（kg/m^2）	23.1±3.9	20.6±3.3

④　インデント機能で列の端を合わせる．

	男性（n＝164）	女性（n＝157）
BMI（kg/m^2）	23.1±3.9	20.6±3.3

⑤　タイトルと説明を入力する．

表4　20歳代の Body mass index （BMI）の男女比較

	男性（n＝164）	女性（n＝157）
BMI（kg/m^2）	23.1±3.9	20.6±3.3

値は平均値±標準偏差　　　　　　　厚生労働省（Online5）より引用

⑥　体裁を整える．

表4　20歳代の Body mass index （BMI）の男女比較

	男性（n＝164）	女性（n＝157）
BMI（kg/m^2）	23.1±3.9	20.6±3.3

値は平均値±標準偏差　　　　　　　厚生労働省（Online5）より引用

1. 表5は日本人6歳から15歳の平均身長を男女別，経年的に示したものである．2007年8月に発売された，首都大学東京体力標準研究会より引用しました．表5をレポート・論文で用いる表に書き換えましょう．

表5

年齢	男子	女子
6 歳	116.6cm	115.5cm
7 歳	123.2cm	121.9cm
8 歳	128.2cm	127.2cm
9 歳	134.1cm	133.3cm
10 歳	139.2cm	140.1cm
11 歳	146.1cm	146.7cm
12 歳	152.3cm	151.4cm
13 歳	159.6cm	154.7cm
14 歳	165.3cm	156.5cm
15 歳	168.2cm	157.3cm

2. 運動の有無による基礎代謝量を比較したい場合，下記のデータから表を作成してみましょう．

男性運動有（人数：10 人）　1,800kcal（標準偏差：345）

男性運動無（10 人）　1,500kcal（226）

女性運動有（10 人）　1,400kcal（235）

女性運動無（10 人）　1,200kcal（198）

文　献

国土交通省（Online）過去の気象データ．

　http://www.data.jma.go.jp/obd/stats/etrn/view/nml_sfc_ym.php?prec_no=91&block_no=47940&year=&month=&day=&elm=normal&view=,（参照日 2020 年 2 月 25 日）．

厚生労働省（Online1）平成 25 年国民健康・栄養調査報告：第 2 部　身体状況調査の結果．

　https://www.mhlw.go.jp/bunya/kenkou/eiyou/dl/h25-houkoku-05.pdf,（参照日 2020 年 2 月 21 日）．

厚生労働省（Online2）平成 26 年国民健康・栄養調査報告：第 2 部　身体状況調査の結果．

　https://www.mhlw.go.jp/bunya/kenkou/eiyou/dl/h26-houkoku-05.pdf,（参照日 2020 年 2 月 21 日）．

厚生労働省（Online3）平成 27 年国民健康・栄養調査報告：第 2 部　身体状況調査の結果.
　https://www.mhlw.go.jp/bunya/kenkou/eiyou/dl/h27-houkoku-05.pdf,（参照日 2020 年 2 月
　21 日）.

厚生労働省（Online4）平成 28 年国民健康・栄養調査報告：第 2 部　身体状況調査の結果.
　https://www.mhlw.go.jp/bunya/kenkou/eiyou/dl/h28-houkoku-05.pdf,（参照日 2020 年 2 月
　21 日）.

厚生労働省（Online5）平成 29 年国民健康・栄養調査報告：第 2 部　身体状況調査の結果.
　https://www.mhlw.go.jp/content/000451760.pdf,（参照日 2020 年 2 月 21 日）.

厚生労働省（Online6）平成 30 年国民健康・栄養調査報告：第 1 部　栄養素等摂取状況調査の
　結果.　https://www.mhlw.go.jp/content/000615343.pdf,（参照日 2020 年 4 月 14 日）.

厚生労働省（Online7）平成 30 年国民健康・栄養調査報告：第 3 部　生活習慣調査の結果.
　https://www.mhlw.go.jp/content/000615345.pdf,（参照日 2020 年 4 月 14 日）.

厚生労働省（Online8）平成 28 年国民健康・栄養調査報告：第 4 部　都道府県別の結果.
　https://www.mhlw.go.jp/bunya/kenkou/eiyou/dl/h28-houkoku-07.pdf,（参照日 2020 年 4 月
　16 日）

総務省（Online）統計でみる都道府県のすがた 2020.
　http://www.stat.go.jp/data/k-sugata/index.html,（参照日 2020 年 4 月 16 日）

首都大学東京体力標準研究会編（2007）新・日本人の体力基準値Ⅱ.　不昧堂出版.

第14講義

📖推敲する📖

　これまでの講義から，皆さんは課題のレポートを書き上げるに至ったと仮定します．しかしながら，これで作業を終了してはいけません．レポートや論文の作成には，推敲という極めて重要な作業が残っています．本講義では，まず，推敲の重要性について説明します．続けて，実際に推敲を行う手順について解説します．最後に，これまでの講義内容から，推敲でのチェックポイントを示します．

✏推敲の重要性✏

　推敲について古賀は，次のように述べています．

> 世間では推敲のことを…（中略）…単語レベルでの練りなおし・書きなおしの作業だと思っている人が多い．もっと言えば，誤字脱字をチェックするのが推敲だと思い込んでいる人さえ，いるほどだ．たしかにそれも推敲の一部ではあるだろう．しかし本来の推敲とは，もっと大きな範囲に及ぶものだ．<u>自らの文章にハサミを入れ，切るべきところをざっくり切り落とす．文章の「あっち」と「こっち」を大胆に差し替える．足りないと判断すれば，数ページ分の長文をドカンと追加する．</u>切る，貼る，足す．そしてようやく「推」を「敲」に改める作業に入っていく．それがぼくの考える推敲だ（古賀，2012, pp.228-229）

　推敲作業は編集であり（古賀，2012, p.229），問題は「なにを書くか」ではなく，「なにを書かないか」にあります（古賀，2012, p.233）．古賀は<u>推敲するにあたって最大の禁句となるのが「もったいない」</u>であり，頑張って書いた箇所を削る際に生じる気持ちであると指摘します（古賀，2012, p.250）．その上で，古賀は次のように述べています．

> しかしこれは，読者となんの関係もない話だ．読者は，あなたの「がんばり」や「悩んだ量」を評価するのではない．<u>あくまでも，文章の面白さ，読みやすさ，そして書かれた内容について評価を下すのである．</u>文章を書いていて生き詰まったとき，なんか違うなと思ったとき，原稿を読み返してみると，けっこうな確率で「もったいないから残した一節」が紛れ込んでいるはずだ．そして，その一文を取り繕うためにゴニョゴニョと余計な説明を入れ，全体が台なしになっている（古賀，2012, pp.249 - 250）

　私も論文を書き始めた頃は，文章を削ることに抵抗がありました．ページ数を増やして，大作を書いたような気分になっていました．文字数が多い論文＝良い論文，といった考えを捨て去る必要があります．本書の内容も推敲を繰り返すことによって，削るべき点を削っています．

　一方で，大学の教員は長いレポートを評価するという側面もあります．学生の「がんばり」や「悩んだ量」を評価してあげたいという感情を持っています．しかしながら，主題からずれた内容を闇雲に膨らましたところで，良いレポートや論文とは言えません．特に，4年生で取り組む卒業研究論文では，研究の目的から逸れた内容は指導教員から削られます．私自身もこれまで，学生が作成した卒業研究論文を3000字程度，削った経験があります．皆さんは，一度書いた文章にハサミを入れ，切るべきところを切り落とすよう心がけてください．

✐推敲の手順✐

1）プリントアウトして推敲する

　レポートや論文の作成は，パソコンのモニターと睨めっこをし，キーボードをたたくことによってすすめていきます．書き終えた後もパソコンのモニターを確認することもあるでしょう．しかしながら，必ず，書き終えたレポートや論文をプリンターからアウトプットし，紙媒体で推敲してください．パソコンのモニターを確認しただけでは気づかなかった点が，必ず見えてきます．また，新しい発想が生まれてくることもあります．

　私はこれまでに執筆したすべての論文において，紙媒体で推敲を繰り返し行うことによって，完成度を高めてきました．現在すすめている論文においても，新しい発想を生み出すために紙媒体から推敲を繰り返し行っています．環境への配慮から，社会はペーパレス化がすすんでいますが，より精緻なレポートや論文を作るためには，紙媒体での推敲は必須です．

2）原稿を寝かせた後に推敲する

　皆さんの中には，毎日が絶好調であるという人もいるかもしれませんが，多くの人は体調が良い日があれば悪い日もあります．また，1日の中で調子が良い時間帯もあれば，悪い時間帯もあります．調子が悪い日や時間帯においてレポートを作成することもあるでしょう．レポートを書き上げて，ただちに推敲を行って納得がいったレポートであっても，後日さらに推敲を行うと多くの誤りに気付くことがあります．また，夜に完成させたレポートを朝に読み返すと，赤面するほど恥ずかしい内容であることも起こりえます．部活動の試合やコンクールにおいて好不調があるように，レポートや論文を書くことにも調子の良

し悪しが存在します．日にちや時間をずらすことで，見逃していた誤りに気付くことが増えます．レポートの提出締め切り日に書き上げてしまうと，推敲する機会が減ってしまいます．余裕をもってレポートを書き上げ，条件をかえて推敲することによって，レポートの質を高めていきましょう．

3）原稿を他人に読んでもらう

なぜ，自分の原稿を他人に読んでもらう必要があるのでしょうか？なぜなら，あなたの原稿は改善すべき点があるためです．皆さんの中には，レポートや論文を書く天才がいるかもしれません．しかしながら，これまでの授業で学んだレポートや論文の書き方については，初歩の段階にすぎません．レポートや論文をより完成度の高いものにするためには，さらに多くの知識を獲得し，何より，論文やレポートを書くという経験が必要になります．ただし，多くの知識を獲得し，**論文やレポートを書く経験が豊富であっても，他人に原稿を読んでもらうことは非常に重要です．自らの視点からだけでは気づかない不備を，他人は見つけてくれます．**

皆さんは誰しも，自宅で物をなくした経験を持っていると思います．1人でどれだけ探しても紛失物は見つからない一方で，親や兄弟姉妹が簡単に見つけてしまったという経験があるのではないでしょうか？そのような経験と似た点が論文やレポートを作成する際にも起こります．自分で10回以上原稿を見直しても気づかない不備を，他人が1度読んだだけで見つけてくれることもあります．

数年前に，人気漫画『ワンピース』の編集者がテレビで特集されていました．編集者は尾田栄一郎氏に対してさえ，忌憚のない意見をぶつけます．尾田氏も編集者の意見に耳を傾け，修正を行って原稿を仕上げていく様子が放映されていました．天才であっても，他人の指摘をきく必要性を改めて感じさせられました．

仮に，自らが作成したレポートや論文と同様の内容を他人が執筆したとすれば，皆さんは問題点に気づくことが出来るはずです．しかしながら，自身の内容の問題点には気づかないことがあります．それは，自身のレポートや論文を愛してしまっているからです．酒井は次のように述べています．

> 恋愛では，慣れたら愛が薄れるものだが，論文では逆なのだ．**あなたが組み立てた論理なのだから，あなたには論理的に見える．**あなたが書いた文章なのだから，あなたには言いたいことがわかる．読み返すほどに，自分の論文は良く書けていると思っています．これが愛だ（酒井，2015，174）

他者の冷徹な目が，気付かなかった問題を見えるようにしてくれると酒井は

述べます．全く同感です．その際に，レポートや論文を批判されたとしても，怒ってはいけません．古賀は次のように述べています．

> 読んでくれた人から批判や指摘をされたとき，ムキになって怒り出す，というパターンだ．つまり，「この一文の意味がわからない」と指摘されて，「お前はなにもわかっていない，この一文にはこんな意味があるんだ」と反論するわけである．はっきり言おう．**言葉で反論しなければならないということは，それだけ言葉が足りていないのだ．**もし「この一文にはこんな意味がある」と反論するのなら，「こんな意味」を文中に書けばいい．書けていないことを棚に上げて怒っても意味がないのである（古賀，2012，pp.263-264）

　第 3 講義でもふれたように，話すことと書くことは全く異なります．書いた内容だけで，読者に自分の主張を伝えることがレポートや論文です．

✐推敲でのチェックポイント✐

　作成したレポートを以下のチェックポイントから確認し，推敲が終われば☑をいれましょう．
　□話し言葉で書かれていない（第 3 講義）
　□常体（である調）を用いている（第 3 講義）
　□語句を明確に使っている（第 3 講義）
　□主語と述語が一致している（第 3 講義）
　□敬称・敬語を用いていない（第 3 講義）
　□漢字とひらがなのバランスがとれている（第 3 講義）
　□算用数字やアルファベットを半角にしている（第 3 講義）
　□体言止めをしていない（第 3 講義）
　□異なる意見があげられている（第 5 講義）
　□ルールに基づいて引用が示されている（第 7・8 講義）
　□ルールに基づいて参考文献リストが示されている（第 9 講義）
　□主張を論理的に裏づけるための事実的・理論的な根拠を提示している（第 11 講義）
　□序論と結論が対応している（第 12 講義）
　□ルールに基づいて図や表が作成されている（第 13 講義）
　□誤字脱字がない

その他，大学教員が「嘆いている」レポートに以下のものがありますので，推敲の際に参考にしてください（マネーポストWEB，2020）.

【1】「○○をご存じだろうか？」で始まる "問いかけ系"

【2】「〜〜を祈るばかりである」で終わる "お祈り系"

【3】「教授も○○してみてはいかがだろうか？」という "提案系"

【4】「追伸，この単位を落とした場合（以下略）」の "脅し系"

【5】「そのとき，私はこう悟ったのだ．○○だと…」の "小説・ラノベ文体系"

【6】手書きスキャン，改行ゼロ，歌詞の羅列…"トリックスター系"

文　献

古賀史健（2012）20歳の自分に受けさせたい文章講義．講談社．

マネーポストWEB（2020）「低レベルすぎる学生レポート」の数々に大学教員の嘆きが止まらない．https://www.moneypost.jp/631491/2/，（参照日 2020 年 3 月 10 日）．

酒井聡樹（2015）これから論文を書く若者のために：究極の大改訂版．共立出版．

山内志朗（2001）ぎりぎり合格への論文マニュアル．平凡社．

最終講義

📖努力が報われやすいライティング📖

　最終講義では，改めて，ライティングスキルを磨く意義について示します．その上で，ライティングスキルは天性によるものではなく，努力によって伸ばし続けることが出来るスキルである点を述べます．

🖊ビジネスで求められるライティングスキル🖊

　第 1 講義で述べたように，私達は書くことを過剰に求められる時代に生きています．また，新型コロナウイルスが日本のみならず，世界中の人々の働き方に影響を及ぼしました．テレワークやオンライン会議が今後より一層，取り入れられていくでしょう．その際に，上司や同僚に商品やサービスに関する企画を提案し，また，その成果について報告する際には，これまで以上に書く機会が増えるでしょう．また，社内だけでなく，社外の利害関係者（株主，取引先，ライバル企業，消費者，金融機関，地域住民）に対しても，書くことで情報を伝達し，説明することがより一層求められるでしょう．鷲田は次のように述べています．

> ビジネス社会では…（中略）…与えられた仕事を事務的にこなすだけではなく，新しい仕事を自分で見いだしていく．そのために，新しい分野を研究調査して，その成果を会社内外に認めてもらう，という働き方はどんどん重要になっていく．印刷物という形であれ，インターネットという形であれ，研究調査をレポートする必要はますます高まってくる．それは，特殊な部局（企画部や研究調査部）の特別な仕事ではない（鷲田，1999，p.26）

　鷲田の指摘は，20 年以上前に述べられたものですが，現在のビジネス社会にも依然としてあてはまります．ライティングスキルを持っていなければ，仕事の評価を下げられる可能性もあると言えます．作家の森博嗣も，次のように述べています．

> 文章を書く機会は，社会に出ると意外に多いものだ．ほとんどの仕事で，文章術は役に立つ．作家にならなくても，文章が書けることは重要で，どんな資格よりも役に立ち，仕事場では戦力になる．新人のうちは，まだ上司が直してくれるから良いけれど，そのうち誰も直してくれなくなる．そうなると，駄目な文章を書く人間は，使えないということになってしまう．

仕事に就いたら，できるだけ早い時期に，文章力を身につけることが大切である（森，2018, pp.144‐145)

　森が指摘するように，会社に入ってから書くことについて指導してもらえる機会は多くはありません．また，ライティングスキルは短期間で身につくものでもありません．学生時代にレポートや論文に継続的に取り組むことで，ライティングスキルは磨かれていきます．

✐努力が報われやすいライティング✐

　ライティングスキルは，ごく限られた天才や秀才によってのみ持ちうる能力ではありません．多くの人々が継続的にトレーニングに励むことによって，向上していくスキルです．良いレポートや論文を書くための努力は，スポーツや芸術と比較すると，報われる可能性が高いと言えます．オリンピックやプロスポーツといったレベルで活躍するためには，努力だけではなく，天賦の才に恵まれなければなりません．100m を 9 秒台で走ることや，時速 160km のボールを投げるためには，努力だけでは不可能です．男子 400m ハードルの世界選手権銅メダリストである為末は，試合で勝てないのは努力が足りないからではないと指摘し，次のように述べています．

引退近くになり自分の実力が落ちていくなかで，努力量と実力は比例しないのを知った．スポーツはまず才能を持って生まれないとステージにすら乗れない．僕よりも努力した選手も一生懸命だった選手もいただろう．でも，そういう選手が才能を持ち合わせているとはかぎらない（為末，2013，p.163)

　トップアスリートの世界だけでなく，中学校や高校の運動部活動のレベルにおいても同様です．人より抜きんでた努力を行ったとしても，一つの運動部活動の中でさえ，1 番になり得ないケースは枚挙にいとまがありません．芸術においても同様であり，音楽や美術で人より抜きんでた努力を行ったとしても，1 番になれるとは限りません．

　特にスポーツの世界では，生まれ持って卓越した身体能力に恵まれ，多くの努力をすることなく，結果を残す人達が存在します．私は芸術については詳しくありませんが，芸術の世界においても同様に生じていると推察します．しかしながら，生まれ持った能力のみで，他者より抜きん出たレポートや論文を作ることは不可能です．怠けた分，好ましくない評価となってはね返ってきます．スポーツや芸術と比較すると，レポートや論文は努力すれば報われる可能性が

高く，ライティングスキルも伸びていきます．

✎レポートや論文を楽しむ✎

　私は大学院生の当時，修士論文や博士論文を楽しんで取り組むことはけしからんという指導を受けました．論文の作成は睡眠や余暇の時間を削って，修行僧のように取り組むべきであると指導されました．一方で，私は楽しみながら，論文を作成していました．もちろん，修士号や博士号を獲得し，大学に就職するという手段的な意味合いとして論文に取り組んでいたことは否めません．しかしながら，論文を手段的に書くのみならず，論文を書くこと自体の面白さを見出すことが出来ました．

　皆さんもレポートや論文を，単位をとるため，良い成績を取るため，卒業するため，さらには，ビジネス社会で活躍するためといった手段的な意味合いに限定して，取り組んで欲しくはありません．上述のように，現代は書くことを過剰に求められる時代ではありますが，逆説的に考えれば，書く機会を人間が最も与えられている時代であるとも解釈出来ます．困難であることは重々承知していますが，皆さんがレポートや論文の執筆に喜びや楽しさを見出させるよう願っています．

文　献

森博嗣（2018）読書の価値．NHK 出版新書．

為末大（2013）諦める力．プレジデント社．

鷲田小弥太（1999）入門・論文の書きかた．PHP 研究所．

補講①

📖読書の意義📖

✏ネットで文章を読むことと読書の違い✏

　幼少の頃から 10 月になると,「スポーツの秋」,「読書の秋」というフレーズを幾度となく耳にしてきました. しかしながら, 私が実践するのはスポーツのみであり, 読書とは無縁の日々を送っていました. 本腰を入れて本を読み出したのは, 大学を卒業して企業に入社した後です. 私のみならず, スポーツパーソンと読書の相性は良いとは言えません. 本講義では, 書く力を伸ばす上で有効な読書について述べます. 特に, 齋藤孝による『読書する人だけがたどり着ける場所』を中心に, 読書の意義を説明します.

　インターネットの登場を皮切りに, SNS やスマートフォンの普及は書籍・雑誌にも大きな影響を与えました. 一方, ライターの飯田一史は子供や若者の読書に関しては誤ったイメージが蔓延しており, 子供の本離れは進んでいないと指摘します (飯田, 2023, pp.9‐10). 全国学校図書館協議会の学校読書調査結果では, 2022 (令和 4) 年に小学生の 1 カ月間の平均読書冊数は過去最高の 13.2 冊になり, 中学生は微増傾向, 高校生は横ばいの傾向であり, 飯田が指摘するように子供の本離れは進行しているとは言えません (全国学校図書館協議会, online)。ただし, 書籍 (本) 離れではなく, 雑誌離れは進んでいます (全国出版協会出版科学研究所, online)。比較的鮮度の高い情報を扱ってきた雑誌は, 即時性が強いウェブやスマホに代替される部分が大きいですが, まとまった物語や情報・論理をパッケージ化した書籍に対する需要は, いまだ根強いと言えます (飯田, 2023, p.25)。

　雑誌だけでなく, 書籍を全く読まない人であっても, ネットで文字を読んでいるため, 活字離れはしていません. 特に現在の大学生は, 私が大学に通っていた2000 (平成 12) 年前後の大学生より, 活字を読んでいる印象を受けます. なぜなら, 当時は私を含め, 書籍や雑誌のみならずネットでも, 活字を読んでいない学生が少なくなかったためです.

　齋藤はネットで活字にふれるだけでは問題があると主張します (齋藤, 2019a, p.5). ネットで活字にふれることは読書と「向かい方」に大きな違いがあり, そこにあるコンテンツにじっくり向き合わずに, 短時間で次へ移行してしまう. 面白いものを消費しているだけであり, せわしく情報にアクセスしているわりには, どこかフワフワして身についていないと指摘します (齋藤, 2019a, p.7).

<u>ネットで文章を読む際は，私達は「読者」でなく，「消費者」である</u>と齋藤は述べます．

　『ネット・バカ：インターネットがわたしたちの脳にしていること』の著者であるカーは，ネットで活字を読むことに関する先行研究をレビューし，ネット検索と本を読むことは，脳の活動のパターンがきわめて異なる点を紹介しています（カー，2010，p.172）．カーは次のように述べています．

> オンラインで読むとき，われわれは深い読みを可能にする機能を犠牲にしているのだとメアリアン・ウルフは述べている．オンラインでわれわれは，「単なる情報の解読者」へと戻るのだ．気を散らされることなく深く読むとき，われわれの脳のなかでは豊かな結合が生じるのだが，これを生み出す能力が，オンラインでは大部分停止したままになるのである（カー，2010，pp.173-174）と述べています．

　ネットで活字を読むとき，深い読みを可能とする機能を犠牲にしているいう示唆は，私の感覚にも合致します．

　社会学者である苅谷剛彦は，本でなければ得られないものは，知識の獲得の過程を通じてじっくり考える機会を得ることであり，考える力を養うための情報や知識との格闘の時間を与えてくれることにあると指摘します（苅谷，2002，p.70）．苅谷は次のように述べています．

> 他のメディアとは異なり，本をはじめとする紙に書かれた活字メディアでは，受け手のペースに合わせて，メッセージを追っていくことができます…（中略）…文章を行ったり来たりできることは，立ち止まってじっくり考える余裕を与えてくれることでもあります．もっともらしいせりふに出会っても，話しているときのように「そんなものかな」と思って十分吟味もせずに納得してしまわない．本の場合，そうしたもっともらしさ自体を疑ってかかる余裕が与えられる（苅谷，2002，pp.71‐72）

　本を読むことは，他のメディアにはない独自性があると言えます．

✎マイノリティーとしての読書家の強み✎

　昨今，電車内での「読者」の少なさを感じさせられます．現在は「電車ではスマートフォン派」が圧倒的なマジョリティーであり，「電車では本派」はマイノリティーになりました．近年，電車内での「読者」は急激に減少しました．

　モバイルマーケティングデータ研究所は2022（令和3）年12月3〜6日の期間に，スマートフォンを所有する15歳〜59歳の男女2,173人を対象に，スマ

ートフォンの利用時間に関する調査を実施しました（MMD 研究所，2021）．結果として「2 時間以上 3 時間未満」のカテゴリーが 19.7％で最も多く，次いで「1 時間以上 2 時間未満」が 16.3％，「3 時間以上 4 時間未満」が 16.1％でした．4 時間以上のカテゴリーを合計すると 34.6％でした．15 歳〜59 歳の 3 人に 1 人以上が，スマートフォンを 4 時間以上利用していることには驚かされます．

　一方で，全国大学生活協同組合連合会は 2022（令和 4）年 10〜11 月に，全国の国公立および私立大学の学部学生を対象に，1 日の読書時間（電子書籍も含む）を調査しました（全国大学生活協同組合連合会，2023）．1 日の読書時間が 0 分の割合は 46.4％であり，また，120 分以上の大学生は 8.7％でした．「読者」が減った今だからこそ，「読者」の人材としての価値は高まります．齋藤もネットや SNS の全盛の現代だからこそ，本と向き合う重要性を強調しています（齋藤，2019a，p.24）．

　立命館アジア太平洋大学の出口治明学長は，面白い仕事が来たときに，毎晩本を読んでいる部下と毎晩飲みに行っている部下のどちらを選ぶのかを読者に問うています（日本経済新聞，2019）．まとまった知識を得られるのが本の強みであり，いろいろな知識を持っている人の方が，いい仕事に巡り合うチャンスが多くなると出口は指摘します．本にはその道のスペシャリストである著者の知見が詰まっており，課題を解決するまでの時間を大幅に短縮してくれます（本要約チャンネル，2021，p.140）．本を読むという行為はコスパが悪いようにみえて，最短の近道であることが少なくありません。

　読書家であるスポーツパーソンの 1 人に，元サッカー日本代表監督の岡田武史氏がいます．10 年以上前になりますが，実際に講演をきいて，非常に感銘を受けました．岡田氏は経験談のみでも傾聴に値する話をたくさんお持ちですが，講演においては経験談のみならず，様々なジャンルの本について言及されていたことが今も印象に残っています．ユーモアもあり，リーダーとしての資質にあふれた人であると感じました．

　一方で，読書をあまり行うことなく，言霊を持っているスポーツパーソンも存在します．現在は定かではありませんが，イチロー氏はインタビューの中で，読書をあまりしないことを述べています（成功への道，online）．イチロー氏は周知のように，多くの偉業を成し遂げてきた紛れもない天才です．天才が読書をしない意味と，凡人が読書をしない意味は異なります．私達は天才であるイチロー氏の言葉から多くを学ぶことが出来ます．その言葉を知る上で，読書は有効なツールです．

　齋藤は読書と AI の関係についてもふれています．現在の進化のスピードからは人間の想像をはるかに超える変化が起こるはずであり，その中で**AI に出来ることは学ばず，AI に出来ないことだけを一生懸命に学ぶという考えはリスクに**

なりこそすれ，人生を豊かにしてくれない（齋藤，2019a, p.21）．**AI に負けな
いことを目的に据えて生きることは本末転倒であり，そのような生き方は AI に
人生を明け渡してしまったようなものである**と主張します（齋藤，2019a, p.22）．
AI が出てこようがなかろうが，自分の人生をいかに深く生きるかが重要であり，
そのために本を読むことは有意義であると齋藤は指摘します．同感です．

　精神科医で作家である樺沢紫苑は，ありとあらゆる文字情報を取り込んで
日々進化している AI（ChatGPT）に対して，年に 1 冊も読書をしない人間が最
適な質問を投げかけることは無理だと指摘します（樺沢，2023, p.8）．インター
ネット時代は文章力が絶対に不可欠な「仕事力」であり，本を読まず文章を書か
ないで，文章力を鍛えることは不可能です（樺沢，2023, p.51）．

恥と読書

　私自身がそうであったように，読書と無縁の生活を送っている大学生こそ，読
書によって得られるものは大きいと強く思います．しかしながら，読書の意義に
ついて，親や教員から強調されても，多くの大学生が読書をすることはないでし
ょう．私自身もそうであったように，幼少の頃から読書をすすめられ，その効用
について説かれても，本に向き合うことは長続きしませんでした．上述のように，
私が本腰を入れて本を読み出したのは，企業に就職した後です．きっかけは多く
の恥の体験です．

　それまで本をほとんど読んでいなかった私には，教養が全くありませんでし
た．学生時代は部活動を中心に同世代で過ごすことが多いため，教養がなくても
困ることはそれほどありませんでした．企業に就職した後に配属された部署は，
ほとんどが 30〜50 代の先輩社員から構成されていました．世代が異なり，興味
を抱く対象も違う．さらに，自分には教養が全くない．これでは，コミュニケー
ションを円滑に行えるはずもありません．齋藤は次のように述べています．

> 仲間うちでのメールや SNS のやり取り，友だち同士での気軽な雑談などでは，難しい言葉
> を知らなくてもたいして困らないかもしれません．しかし社会に出たら，最低限の教養と
> しての語彙力がなければ，大人としてのコミュニケーションは図れません（齋藤，2019b,
> p.26）

　先輩社員からは，私が話をしやすいスポーツやトライアスロンを話題にする
など，配慮の連続でした．その他の話になると，全く入っていけないという恥の
連続でした．認知科学者の苫米地英人は，自分の頭で考える脳を本気で手にいれ
るためには，常に知識を手にいれることで知識量を増やす必要があり，思考停止

するのは，知識がないことが原因であると指摘します（苫米地，2016，pp.102 -
103）．当時の私は，常に知識を得ようとはせず，あまりにも知識量がなかったた
め，自分の頭で考えることが出来ないことが周囲からも明らかであり，その点に
おいても恥の連続でした．苫米地は本を読むことが知識習得の一番の近道であ
り，短時間ですごい人達の知識を得られる方法であると指摘します（苫米地，
2016，pp.106）．同感です．

　企業に就職した後に，私を読書に向かわせてくれたのは，紛れもない恥の感情
でした．そして現在も本を読み続ける理由の 1 つに，無知を恥じるからです．
「大学の先生なのにそんなことも知らないの？」という声に日々，恐怖していま
す．

　大学生の 1 日の読書時間が 0 分の割合は 46.4％であったという，全国大学生
活協同組合連合会の調査を紹介しました．学生に本を読んでもらうためには，無
知を恥とする感情を芽生えさせることが最も良い処方箋ですが，それは非常に
難しいと日々感じています．本を読まずとも生活をする上で不利益を感じず，ま
た，無知によって得られるものがあることを感覚的に抱いているのかもしれませ
ん．読書を続けることで効果的な方法を見つけたいと考えています．

文献

カー：篠儀直子訳（2010）ネット・バカ：インターネットがわたしたちの脳にしていること．青
　　土社．

本要約チャンネル（2021）「読む」だけで終わりにしない読書術：1 万冊を読んでわかった本当
　　に人生を変える方法．アスコム．

飯田一史（2023）「若者の読書離れ」というウソ．中高生はどのくらい，どんな本を読んでいる
　　のか．平凡社．

樺沢紫苑（2023）読書脳．サンマーク出版．

苅谷剛彦（2002）知的複眼思考法：誰でも持っている創造力のスイッチ．講談社．

MMD 研究所（2021）2021 年版：スマートフォン利用者実態調査．
　　https://mmdlabo.jp/investigation/detail_2017.html，（参照日 2023 年 1 月 11 日）．

日本経済新聞（2019）立命館アジア太平洋大学学長出口治明－読書の秋，本を読もう，知識は社
　　会を変える力に（ダイバーシティ進化論）．10 月 7 日　朝刊　p.23．

齋藤孝（2019a）読書する人だけがたどり着ける場所．SB クリエイティブ．

齋藤孝（2019b）大人の読解力を鍛える．幻冬舎．

成功への道．僕が本を読む事を嫌いな理由【元プロ野球選手イチロー】．
　　https://www.youtube.com/watch?v=NoDGD_oOan0，（参照日 2021 年 7 月 20 日）．

苫米地英人（2016）思考停止という病．KADOKAWA．

全国大学生活協同組合連合会（2023）第 58 回学生生活実態調査の概要報告．

https://www.univcoop.or.jp/press/life/report.html, （参照日 2023 年 7 月 24 日）.

全国学校図書館協議会.「学校読書調査」の結果.

https://www.j-sla.or.jp/material/research/dokusyotyousa.html, （参照日 2023 年 7 月 24 日）.

全国出版協会出版科学研究所. 日本の出版販売額.

https://shuppankagaku.com/statistics/japan/, （参照日 2023 年 7 月 24 日）.

補講②

📖書くことがつらい人のために📖

　私達の生きる社会が有史以来，書くことを最も求められる時代にあり，ライティングスキルを磨く意義について理解出来たとしても，書くという行為に抵抗感を持つ方は少なくないでしょう．卒業研究論文の作成を行っている 4 年生と話をすると，アンケートやインタビュー調査，さらには，実験によってデータを集めている際は楽しいという感想をきくことが出来ます．楽しいとまではいかなくとも，それほど苦痛ではないという感想をきくこともあります．ただ，調査結果に対する考察や緒言を書くという作業はかなりの苦痛を伴うようです．この点について，心理学者のシルヴィアは次のように述べています．

　　　研究をしているときは，研究を楽しんでいるのだと思う．研究というのは，なかなかおもしろい…（中略）…でも，研究について書く作業は，快感とは言いがたい．ストレスは溜まるし，込み入っているし，お世辞にも楽しいとは言いがたい…（中略）…データというのは，集める方が，それについての論文を書くよりずっと楽だったりする．というわけで，大学教員の多くは，お蔵入りした研究を抱えている（シルヴィア，2015, p.3）

　皆さんが作成しているレポートは，研究とは言えないまでも，その入り口に関する作業になります．何かを調べている際はそれほど苦痛でなくとも，書く段階において苦痛が増すという方もいると思います．以下では，書くという行為に対して，苦痛を減らせる方法について述べていきます．

🖊ゼロから文章を作らない🖊

　ライターの上坂徹は，文章を書くときに腰が上がらないのは，書く準備ができていない点を指摘し（上坂，2017, p.33），次のように述べています．

　　文章執筆に時間がかかる最大の原因は，ゼロから文章を作ろうとすることです．文章執筆を，ビルとか家とか，建築物を作るようなものだと考えてみてください．鉄筋，木材，窓，ドアノブ，水道管…．建築物は，無数の材料から成り立っています…（中略）…事前にどんな材料が必要なのかがわかっていて，その材料が目の前にそろっているからこそ，納期通りに建築工事を終

えることができるのである．文章も同じです．<u>ゼロから書くから，結果的におっくうになるし，時間がかかる．書く内容がわかっていれば，つまり，素材が準備できていれば，速く書けるのです</u>（上坂，2017，p.33）

いい素材がなければ絶対にいい文章は書けず（上坂，2017，p.34），文章を書くことが決まった際には，素材を探すことが第一であると上坂は述べます（上坂，2017，p.37）．この点はレポートや卒業研究論文の作成のみならず，教員が大学の講義を行う際も同様です．教員によるプレゼンテーションスキルが高かったとしても，つまらない素材に基づく教材ばかりが使用されていれば，学生にとって魅力的な講義にはなりません．いかに良い素材を集めるかが，講義において重要な点です．

皆さんはレポートや卒業研究論文を書くために常にアンテナを立て，素材を集めてください．そうすれば，書く前に書く内容が準備されている状態になります（上坂，2017，p.39）．間違っても，PC のモニターと睨めっこばかりしないでください．睨めっこの時間を，いい素材を探す時間にあててください．

🖊完璧主義を諦める🖊

文章を書く上では，完璧主義を捨てましょう．完璧主義に陥ると，書けなくなります（シルヴィア，2015，p.93）．大学の教員や研究者の中にも，プライドが高すぎたり，完璧主義によって書けなくなる方達をこれまで見てきました．書いた内容は半永久的に残り続けることがあり，また，多くの人達から内容を吟味されることもあります．第 2 講義でふれましたように，話し言葉と書き言葉は異なりますので，饒舌に話をする人が書けなくなることは不思議ではありません．それゆえに締め切りを守れない人達を何度も見てきました．

社会学者の古市憲寿は，完璧主義という思想は罪であると述べています（古市憲寿，2019）．本当に完璧なものなどあるか怪しく，現代人が絶賛したものが時代に耐えられるかは不明であり，また，違う文化圏でも受け入れられるかもわからないと指摘します．その上で古市は，締め切りは貴いものであり，世界から締め切りが消えたならば，ほとんどの雑誌や本は刊行されないだろうと述べています．同感です．

完璧主義に陥らず，レポートや論文の締め切りを守るためにはどのようにすればよいか．それは諦めることです．成功は諦めによって築かれており（森，2021，p.16）．世の中に存在している作品は，作者が諦めた結果であると森は述べています（森，2021，p.297）．本書の「まえがき」でも述べましたように，私は「いかに手を抜いてレポートを作成し，単位を取得出来るか」ばかりを考えて

いた人間です．そのような人間が，レポート・論文作成法について完璧を目指せるはずもありません．誰からも批判されることのないような，完璧な書籍を目指すことを早々に諦め，一方で大学1年生がライティングスキルを磨く意義を理解し，レポート・論文作成の基本を理解出来る内容を目指すことにしました．つまり，諦めの連続によって本書は誕生しました．

　ものごとを進めるためには無数の諦めを許容する必要があり，的確な判断とは「的確な諦め」によって成立します（森，2021，p.47）．諦めるためには考える必要があり，考えることを避けている状態が諦めないという頑固な姿勢であるという森の指摘は（森，2021，p.65），レポートや論文作成ならず，仕事や人生の決断が迫られる際に，重要な示唆であると思います．

文献

古市憲寿（2019）締め切りのある人生を．
　https://www.dailyshincho.jp/article/2019/03140555/?all=1,（参照日2023年1月18日）．
森博嗣（2021）諦めの価値．朝日新聞出版．
シルヴィア：高橋さきの訳（2015）できる研究者の論文生産術：どうすれば「たくさん」書けるのか．講談社．
上坂徹（2017）10倍速く書ける超スピード文章術．ダイヤモンド社．

練習問題の解答

第3講義

🖊練習問題🖊

（解答）

　<u>2030</u>年の冬季オリンピック・パラリンピックについて，札幌市は招致活動を行うべきでは<u>ない</u>．五輪による一時の熱狂ではなく，医療機関・学校・図書館といった公共サービスの充実が優先されるべき<u>である</u>．今回の<u>新型コロナウイルス</u>の影響から，医療機関の充実がいかに重要であるかを私達は改めて認識させられた．<u>特に北海道は，おそらく，医療崩壊の危機感を最も早くに持ったであろう．</u>そして，五輪による経済効果は長く続かないという問題もある．

　五輪を招致し，開催する資格があるのは，財政的<u>な余裕がある</u>都市や国である．現在の北海道と日本には，<u>五輪を招致し，開催する</u>資格がない．また，周知のように急激な景気の悪化から，今後，大規模な財政出動がなされる．さらに，東京2020の延期に伴って，東京のみならず日本において，<u>さらなる</u>人的・財政的負担が強いられる．進む勇気<u>ではなく</u>，立ち止まる勇気が求められている．

第9講義

🖊練習問題 I 🖊

1．次の書籍を，「体育学研究」の書式にのっとって，参考文献として示しなさい．

①　発行日（2012年12月），発行所（双文社出版），著者（小嶋洋輔），主題（遠藤周作論），副題（「救い」の位置）

小嶋洋輔（2012）遠藤周作論：「救い」の位置．双文社出版．

②　編者（名桜大学），著者（東恩納玲代），分担執筆されたタイトル（身体活動を測る），書籍のタイトル（名桜叢書第1集　ものごとを多面的にみる），ページ数（pp.191-201），発行年（2014年11月），発行所（出版舎Mugen）

東恩納玲代（2014）身体活動を測る．名桜大学編　名桜叢書第1集　ものごとを多面的にみる．出版舎 Mugen, pp.191-201.

③　主題（これからの「正義」の話をしよう），著者（サンデル），発行年（2010年），副題（いまを生き延びるための哲学），翻訳者（鬼澤忍），発行所（早川書房）

サンデル：鬼澤忍訳（2010）これからの「正義」の話をしよう：いまを生き延びるための哲学．早川書房．

✎練習問題Ⅱ✎

1．次の学術論文を「体育学研究」の書式にのっとって，参考文献として示しなさい．
①　論文のタイトル（中学校教員の性の健康教育に対する意識と課題），発行年（2017年），ページ数（pp.85‐94），著者（島田友子），26巻，雑誌名（名桜大学総合研究）

島田友子（2017）中学校教員の性の健康教育に対する意識と課題．名桜大学総合研究，26：85‐94.

②　発行年（2014年），論文のタイトル（非同期カメラを用いたボールの3次元軌跡復元法），雑誌名（精密工学会誌），著者（玉城将・斎藤英雄），（80巻12号），ページ数（pp.1157‐1165）

玉城将・斎藤英雄（2017）非同期カメラを用いたボールの3次元軌跡復元法．精密工学会誌，80（12）：1157‐1165.

第10講義

✎練習問題✎

レポート（解答）
　沖縄におけるスポーツは，陸上競技・野球など明治時代から行なわれているものから，サッカー・ハンドボール・ボクシングのように，終戦後，行なわれ

るようになったものもある（磯部，1970，p.117）．先の大戦により，沖縄の体育・スポーツ界は優秀な指導者を失っただけでなく，スポーツ施設と用具は戦火に焼かれ，沖縄の体育・スポーツ界は無から立ち上がらなければならなかった（磯部，1970，p.118）．運動用具が揃わない中，競技の中心は徒競走やリレーなどの陸上競技や各種体操であった（近藤，2013，p.72）．

　戦後間もない時期は娯楽となるものが少なく，運動会が地域のレクリエーション行事として機能した（近藤，2013，p.72）．地域住民の飛び入り参加や，時には，米軍関係者が参加することもあった．戦後は，米軍関係者と沖縄住民との間で様々な交流が進められたが，学校の運動会も交流の場の一つとして存在した．米軍の使い古した用具を譲り受ける学校もあったが，児童・生徒数に見合うだけの数を望めなかった（近藤，2013，p.74）．測定用の巻尺は全島に2～3個しかなく，コース用の石灰もなかったため，米軍から浄水用のカルキを調達したり，採石の石粉を使用したこともあった（磯部，1970，p.118）．1949（昭和24）年の第1回米琉親善陸上競技大会では，スタート用の紙弾がなかったため，米軍のピストルで実弾を空に向けて撃ち，出発合図とした．市町村の競技会では，鍋，ヤカン，洗面器，鎌，毛布，洋服地などの生活用品を主催者が集め，賞品とされた．優勝旗もなかったため，テント布に画家や美術教師がペンキで書いて作られた．終戦直後はスポーツ用品だけでなく，スポーツ図書や新聞も本土から輸入できない状況であった．1949（昭和24）年から物資を輸入できるようになり，はじめて捧高用ポール，円盤，槍，庭球用具，卓球用具，柔道衣を入手出来るようになった．

　終戦直後の沖縄は，本土と切り離されていた中，スポーツは比較的早くに交流が実現した（磯部，1970，p.119）．福島県を中心に行なわれた第7回国民体育大会（昭和27年）では，陸上競技の12名の選手が参加した．それ以後，毎年国体に出場することになり，参加種目も人員も増加した．

文　献

磯部浩（1970）沖縄の体育とスポーツ．茨城大学教養部紀要，2：103−125．

近藤剛（2013）『うるま新報』にみる戦後沖縄の体育・スポーツ関連記事について．大熊廣明監修　真田久・新井博・榊原浩晃・李燦雨編　体育・スポーツ史にみる戦前と戦後．道和書院，pp.68‐84．

第11講義

✐練習問題✐

以下の卒業論文のタイトルから，問題のある「問い」について検討しなさい．
（グループディスカッション）（山内，2001, pp.36 - 38）

1．現在の学校教育の現状と課題に関する考察
    ×（何をやりたいのかわからない）
2．農村女性の自立に向けて
    ×（論文の題にはならない．青年の主張みたい）
3．犯罪をめぐる言説にみられる権力作用の検討
    ○
4．堕落について
    ×（これで論文を書くのはまさに堕落）
5．アメリカで夢を掴んだ日本人
    ×（参考書をまとめて終わり）

第12講義

✐練習問題 I ✐

以下の新聞の記事における誤用の箇所を指摘し，修正しなさい．

1．　大坂城の築城工事は，天正13年4月に5層の大天守が竣工（しゅんこう）し，ひと段落する．
    朝日新聞（2016）（匠の美）「豊臣大坂城の石垣」　地下の謎の正体は．2月6日　朝刊　p.19.

    ☞「ひと段落」が誤用であり，正しくは一段落（いちだんらく）になります．「ひと息つく」という言い方があるため，その影響も考えられます（国広，2010, p.260）.

2．　劇場観光目的ではなく，中身（芝居）で観客をどれだけ引き留められ

るか，正念場の時期に入った．

産経新聞（2014）「回顧　平成26年」伝統芸能　歌舞伎に頼もしい
若手の奮闘．12月14日　朝刊　p.11.

☞「正念場の時期」が誤用にあたります．正念場とは，「転じて，ここ
ぞという大事な場面・局面」（新村編，2008, p.1392）になります．
正念場という語に時期という意味が包含されています．

3.　北北海道大会前に小野寺大樹監督から「いつになったら変わるんだ」
と一喝され「欠点を自覚した」．ピンチでも笑顔を心がけ，守備陣に目
配せできるエースに成長した．

毎日新聞（2017）第99回全国高校野球：両エース，熱投の夏．8
月14日　朝刊　p.23.

☞正しくは「よく注意して，必要なところに落ちなく目をとどろかせ
ること」（新村編，2008, p.2760）を意味する目配りになります．

4.　夜間の睡眠不足から体調をこわす人もふえている．

読売新聞（1991）雲仙岳噴火　島原市の住民不安，疲労限界に　農
家多く移転にも難問（解説）．6月25日　朝刊　p.13.

☞「体調を崩す」とするところですが，「体をこわす」との混交による
ものと考えられます（国広，2010, p.185）．

5.　木材不況と天然秋田杉が減少するなかで，家業の製材業も例外にもれず
低迷していた一九六七年，学生時代に学んだ墨絵やデザインを木工製品
に役立てられないかと考え，編み出したのが秋田杉の木肌のぬくもりを
生かした創作木工芸品だった．

朝日新聞（2000）木肌のぬくもり社　飾り扇子に透かし彫り（ビジ
ネス秋田）．1月12日　朝刊　p.26.

☞「例外にもれず」を文字通りに解釈すると，「例外の中に含まれる」
ことになります（国広，2010, p.192）．言語学者の国広は，「御多
分にもれず」と「例外でなく」の混交によるものだと推察してい
ます．

✐練習問題II✐

以下の例文の誤用箇所について指摘し，修正しなさい．
※今道（2018）から出題した．

1．　コンプライアンスを遵守すべきだ．

　　　☞コンプライアンスは「法令遵守」という意味であり，意味が重複しています．「コンプライアンスを徹底すべきだ」と言い換えます．

2．　健康保険制度を維持していくため，医療費の抑制が必ず必要だ．

　　　☞「必要」は「必ず要る」という意味であるため，意味が重複しています．「医療費の抑制が必要だ」とします．

3．　大地震の被害をシュミレーションする．

　　　☞正しくは，「シミュレーション（simulation）」になります．

4．　看護師として患者さんに暖かい言葉をかけていきたい．

　　　☞正しくは，「温かい」になります．「暖かい」は，「寒暖の差」「暖冬」などの言葉に示されるように，「気候の暖かさ」という文脈で使います．

5．　公共の建物の安全性を追及すべきだ．

　　　☞正しくは，「追求」となります．

第13講義

練習問題 I

1. 月別に平均気温（推移）と降水量（量の比較）を示したいので，ここでは折れ線グラフと縦棒グラフの複合グラフで作成した図を例として示します．

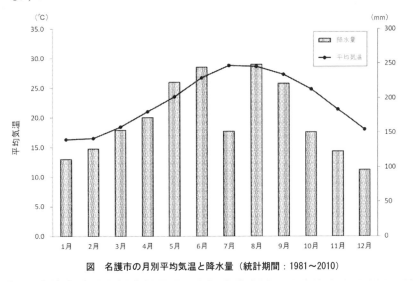

図　名護市の月別平均気温と降水量（統計期間：1981〜2010）

2. 内訳（全体に対する各項目の割合）を示したいので，ここでは円グラフで作成した例を示します．

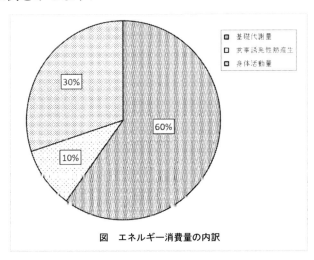

図　エネルギー消費量の内訳

3. 算数のテストの平均点（量）を比較したいので，ここでは縦棒グラフで作成した図を例として示します．

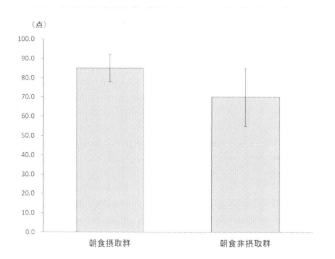

図　朝食摂取群と非摂取群における算数のテスト結果の比較

4. 1週間の運動時間と算数のテスト結果の関係を示したいので，散布図で作成します．

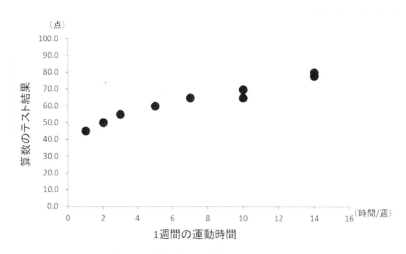

図　1週間の運動時間と算数のテスト結果の関係

5．体力テストの各運動種目を標準得点化し，運動能力を比較したいので，レーダーチャートで作成します．

図　体力テストの結果

6．ここでは，100％積み上げ横棒グラフを例として示します．

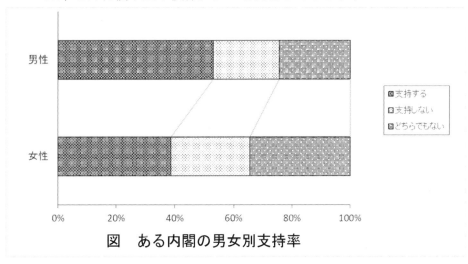

図　ある内閣の男女別支持率

練習問題Ⅱ

1. ここでは，以下の表を例として示します．

表5　経年的にみた男女別の平均身長

年齢（歳）	男子（cm）	女子（cm）
6	116.6	115.5
7	123.2	121.9
8	128.2	127.2
9	134.1	133.3
10	139.2	140.1
11	146.1	146.7
12	152.3	151.4
13	159.6	154.7
14	165.3	156.5
15	168.2	157.3

首都大学東京体力標準研究会（2007）より引用

2. ここでは，以下の表を例として示します．

表　運動の有無による基礎代謝量の比較

	運動有		運動無	
	n	平均値±標準偏差	n	平均値±標準偏差
男性	10	1800±345	10	1500±226
女性	10	1400±235	10	1200±198

あとがき

　本学では，学生や教職員の学術的な文章作成を支援し，自立した書き手を育てることを目標としたライティングセンターが 2016 年に設置されました．私がそのセンターのセンター長になったときに，当時の学長から 1 年生向けのライティングの教科書の作成を依頼されたことが，本書ができるきっかけでした．しかし，実際に作成してみようとすると，世の中には「アカデミックライティング」や「レポート・論文」の作成法に関する書籍は山のようにあり，今更このような書籍を作る必要があるのかとも思ったりもしました．そこで，まずは自分たちが授業で使いやすい教科書を作ろうと考え作成しました．

　本学には 1 年生を対象とした「アカデミックライティング」という必修授業があります．この授業は 1 クラスおよそ 25-40 名に程度に分かれて（本学で約 15 クラス），同じシラバス，同じレポート課題を用いて実施しています．この授業を担当する教員は毎年変わり，また教員の専門分野も様々です．このような本学の状況から誕生したのが本書です．つまり，同じ講義を複数の教員が担当しても使用しやすいものとなっています．したがって，本書は単に学術的なレポートの書き方を示したものではなく，15 回の授業で使用することを前提にしています．1 章が 1 回の授業で扱う内容になっており，15 章で完結するようになっています．取り扱った内容は，これまで私たちがアカデミックライティングの授業や専門レポート，卒業研究論文の指導してきた中で，最低限身につけて欲しい内容にしています．特に，専門レポートや卒業研究論文には必要となってくる文献の引用や参考文献の示し方，また図表の引用や作成法について詳しく説明しているのが特徴になっています．ただ，本書では，誌面の都合上，取り扱うことのできなかった内容があることも承知しています．他大学で使用される先生は，各大学の実情に合わせて，内容を取捨選択していただければと思っています．使用されて見て，ご意見・ご感想がありましたらぜひお願いします．今後は，この内容を説明したビデオコンテンツや補足資料などの作成も検討しております．本書が一人でも多くの大学生がルールに沿った学術的なレポートの書き方の習得と，ライティングの授業を担当される先生方の負担軽減に貢献できれば幸いです．

　最後に，遅々として進まない執筆の進行にもかかわらず根気よく見守り，励ましてくださいました山里勝己前名桜大学学長に心から感謝申し上げます．また，ふくろう出版の亀山裕幸様には，迅速な作業をしていただいて，校了から短期間で出版できましたことお礼申し上げます．

令和 2 年 9 月

名桜大学前ライティングセンター長　奥本　正

[編著者]

大峰　光博（OMINE Mitsuharu）
名桜大学人間健康学部スポーツ健康学科教授
名桜大学ライティングセンター長
早稲田大学大学院スポーツ科学研究科博士後期課程修了
第1～3・5・7～12・14講義，最終講義，補講①②担当

奥本　正（OKUMOTO Tadashi）
名桜大学人間健康学部スポーツ健康学科教授
名桜大学前ライティングセンター長
筑波大学大学院体育科学研究科修了
第13講義担当

[著　者]

玉井　なおみ（TAMAI Naomi）
名桜大学人間健康学部看護学科教授
沖縄県立看護大学大学院保健看護学研究科博士後期課程修了
第4・6講義担当

東恩納　玲代（HIGASHIONNA Akiyo）
周南公立大学経済学部ビジネス戦略学科准教授
鹿屋体育大学大学院体育学研究科博士後期課程修了
第13講義担当

大学1年生のための
レポート・論文作成法　第3版
－書く意義に気づく15回のライティング講義－

2020 年 9 月 10 日　初版発行
2021 年 11 月 30 日　第 2 版発行
2024 年 2 月 25 日　第 3 版発行

編　　者　　大峰　光博・奥本　正

発　　行　　ふくろう出版
　　　　　　〒700-0035　岡山市北区高柳西町 1-23
　　　　　　　　　　　　友野印刷ビル
　　　　　　TEL：086-255-2181
　　　　　　FAX：086-255-6324
　　　　　　http://www.296.jp
　　　　　　e mail：info@296.jp
　　　　　　振替　01310-8-95147

印刷・製本　　友野印刷株式会社
ISBN978-4-86186-903-7 C3030
©2024

定価はカバーに表示してあります。乱丁・落丁はお取り替えいたします。